Daniela A. Ben Said

Das Wüstenseminar

Persönlichkeitstraining für alle (Lebens-) Manager

Deutsche Bibliothek - CIP-Einheitsaufnahme

Ben Said, Daniela A.: Das Wüstenseminar.
Persönlichkeitstraining für alle (Lebens-) Manager.
Vechta-Langförden: Geest-Verlag, 2006
3. Auflage, September 2006
4. Auflage, November 2006-
5. Auflage, Januar 2007

ISBN 3-937844-59-7

Geest-Verlag
Lange Straße 41 a
49377 Vechta-Langförden
Tel. 04447/856580
Fax: 04447/856581
Mail: Geest-Verlag@t-online.de
Internet: http://www.Geest-Verlag.de

VORWORT

Die Idee dieses Buches ist entstanden, als ich zum ersten Mal in der Wüste war. Die Bescheidenheit und Schlichtheit haben mein Leben komplett umgekrempelt. Es ist ruhiger geworden. Bescheidener. Seit ich den Verzicht kenne, genieße ich das manchmal noch auftretende „Über-die-Strängegeschlagen" viel mehr.
Mit einer Seminargruppe habe ich dieses Seminar durchgeführt, und es war ein voller Erfolg. Auch ein späteres Wiedersehen der Truppe hat diesen Erfolg bestätigt. Ich wünsche Ihnen viel Muße beim Lesen. Viel Energie und Mut zum Leben.

Herzlichst Ihre
Daniela Ben Said

P.S.: Alle Personen sind erfunden. Ähnlichkeiten mit Personen sind rein zufällig.

INHALT

Kennen Sie das? Sie möchten einem Menschen danken. Dabei ist es ganz gleich, ob es sich um einen Mitarbeiter, einen Kollegen, einen Freund oder ein Familienmitglied handelt. Sie möchten nur, dass es ein besonderes Geschenk wird. Ein Geschenk für das ganze Leben.

Schenken Sie „Leben"!

1. EIN CHEF DENKT ÜBER SEINE MITARBEITER NACH

Der Chef, Jürgen Chefmeyer, eine imposante männliche Persönlichkeit, die in den Sechzigern mit viel Fleiß ein Unternehmen aufbaute, das heute circa 450 Mitarbeiter zählt. Ein Mann, der nicht nur durch sein Wissen imponiert, sondern insbesondere dadurch, dass er mit viel Einsatz, Menschenkenntnis und mit dem Herz an der richtigen Stelle für viele seiner Mitarbeiter auch so etwas wie eine Vaterfigur ist.

In seinen Händen hält er die Einladung zu einem Seminar. Um ein Haar hätte er sie, wie die ganzen anderen Werbezettel, die einem tagtäglich auf den Schreibtisch flattern, weggeworfen. „Zum Glück", denkt er jetzt bei sich, „habe ich doch noch einen zweiten Blick darauf geworfen. Das ist genau das, was ich gesucht habe. Damit beschenke ich meine wichtigsten Mitarbeiter!"
Er legt das Schreiben auf seinen Schreibtisch und beginnt mit seinen Vorbereitungen.

DIE EINLADUNG

Sehr geehrte Damen und Herren!

Hiermit möchte ich Ihnen ein Firmenseminar der besonderen Art vorstellen. Bitte werfen Sie mich nicht sofort weg – es ist wirklich anders!

Ein motiviertes Team, eigenverantwortliche und selbstbewusste Menschen – wer will das nicht?

Mein Unternehmen „Quid agis" bietet Ihnen ein Seminar der besonderen Art an. Das sagen alle, denken Sie? Lesen Sie weiter!

Das Seminar findet in der Wüste in Südtunesien statt.

3 Tage intensives Training:

- Selbstbewusstseinsstärkung
- Eigenverantwortung
- Teamarbeit

Rechnen Sie mit:

- Sand, der sich überall festsetzt
- Gefahren der Natur (Stürme, Trockenheit, Hitze)
- Einfachheit. Wir werden die Tage wie Nomaden erleben

Damit werden Sie entschädigt:

- Momente überwältigender Schönheit
- Ein Abenteuer, das Sie weit über die Zeit in der Wüste hinaus bereichert.

Interessiert? Dann melden Sie sich noch heute an. Pro Tour können acht Ihrer Mitarbeiter an dem Seminar teilnehmen.
Mit besten Grüßen

Janette Ben Salem
Quid agis – Institut für Management-Coaching

DIE TEILNEHMER

„Bitte stellen Sie ein Team zusammen und geben Sie mir in Stichworten einige Hinweise zu den Menschen, die Sie mir senden. Ebenso, warum und mit welchem Ziel sie dieses Seminar aus Ihrer Sicht besuchen sollen!"
Die Stimme von Janette Ben Salem am Telefon hört sich sehr sympathisch an. Jürgen Chefmeyer hatte sie kurzerhand angerufen und sitzt jetzt grübelnd vor seiner Personalliste.
„Sollen die Teilnehmer alle aus einer Abteilung sein?"
Er kann hören, dass Frau Ben Salem bei dieser Frage lächelt. Scheinbar wird sie ihr oft gestellt.
„Nein, das ist ganz und gar nicht wichtig. Denken Sie an alle Ihre Mitarbeiter – vom Abteilungsleiter bis zum Hausmeister. In diesem Seminar geht es um Menschen – auf die kommt es an!"
„Wen schicke ich zu diesem Seminar?", fragt sich Jürgen Chefmeyer, während er über seiner Personalliste sitzt. „Es sollte aus jedem Firmenbereich eine Person dabei sein. Das könnte die einzelnen Abteilungen verständnisvoller und toleranter füreinander machen." Chefmeyer grübelt weiter. „Aber was sagt wohl die Abteilungsleitung dazu, falls eventuell auch eine Mitarbeiterin vom Reinigungsteam dabei ist? Würden die dann meinen, dass das Niveau nicht ihrem Standard entspricht? Na ja ... sollten sie dieser Meinung sein, ist es wahrscheinlich umso wichtiger."
Und er erinnert sich an die Worte von Frau Ben Salem. „Auf die Menschen kommt es an!" Das ist mir sympathisch, denkt er bei sich. Nach vielem Überlegen und Hin- und Herschieben stellt er ein Team mit kurzen Informationen zusammen:

Olga Lagerin

Russin, 42 Jahre alt, im Lager tätig, geschieden, zwei Kinder. Macht schon seit vielen Jahren einen guten Job. Sie wirkt aber immer sehr verschlossen. Schämt sich für ihr gebrochenes Deutsch. Würde unter normalen Umständen wahrscheinlich niemals mitfahren, traut sich aber sicher nicht, die Einladung abzulehnen. Lässt sich schnell von dominant wirkenden Menschen einschüchtern. Hat auf Meetings immer Angst, etwas zu sagen oder sich zu blamieren.

Ziel: Selbstbewusstsein aufbauen und ihr das Gefühl nehmen, sie sei ein Mensch 2. Klasse.

Norbert Maleiter

38 Jahre alt, groß, mit einem gut trainierten Körper, blauen Augen, lockigen, dunkelblonden Haaren und einem umwerfenden Lachen. Verheiratet, ein Sohn. Leiter der Verkaufsabteilung. Durch und durch Verkäufer. Wirkt nach außen sehr dominant, erfolgreich, einer, dem man so leicht nichts vormacht. Nach außen zeigt er nur den ‚alles-ist-easy'-Typ.

Ziel: Etwas mehr Toleranz für ‚Schwächere'. Wer in seinem Team nicht so stark ist wie er, geht schnell unter. Er sollte etwas mehr Gefühl zeigen.

Susanne Personus

32 Jahre alt, heiratet nächstes Jahr. Keine Kinder. Ist die Leiterin im Personalwesen. Eine absolute Perfektionistin. Ist erst mit 180% zufrieden. Wirkt nach außen sehr forsch und ‚straight'. Hat Angst, die Anforderungen, die an sie gestellt

werden, nicht gut genug zu erfüllen. Gibt für andere 100%. Hilft, wo sie kann. Wirkt manchmal überfordert, ohne dass sie es jemals zugeben würde.

Ziel: Kein konkretes – ihr würde es einfach gut tun, sich eine kleine Auszeit zu genehmigen. Macht einen hervorragenden Job.

Herbert Kaufleiter

36 Jahre alt, verheiratet, zwei Kinder. Ist Leiter im Einkauf. Liebt seinen Job und seine Familie. Will überall alles geben und ist deswegen ständig hin und her gerissen. Nach außen wirkt er wie jemand, der alles schafft, nie Stress hat. Teilte in einem Meeting mit, dass ihn ständig das schlechte Gewissen gegenüber seiner Familie plagt. Er freut sich sehr auf die Reise und hofft, in dem Seminar Möglichkeiten zu finden, wie man Familie und Arbeit unter einen Hut bringen kann und dabei allen gerecht wird.

Ziel: Mehr Gelassenheit und Hilfe bei dem inneren Konflikt zwischen Familie und Arbeit.

Benno Strahling

33 Jahre alt, ledig, keine Kinder. Verkäufer im Außendienst. Wirkt immer super locker. Könnte viel mehr erreichen. Teilt in der Firma immer mit, dass er das auch möchte. Wenn er dann konkret gefordert wird, findet er immer wieder eine Ausrede, es nicht zu tun. Ist mit der Situation unzufrieden. Hält sich selbst für sehr talentiert und fähig. Seine Angst,

Fehler zu machen, bremst ihn jedoch immer wieder, neue Herausforderungen endlich anzunehmen.

Ziel: Herausforderungen angehen.

Katrin Kopfus

42 Jahre alt, geschieden, ein Kind. Buchhalterin. Ein absoluter Kopfmensch. Lässt keine Emotionen zu. Erklärt alles rational. Spricht offen über ihre Ängste – zum Beispiel die Angst vor der Zukunft, die Angst vor ihrer eigenen Schwäche, die Angst, ihrem Sohn nicht zu genügen – hat aber für alles immer eine sachliche Erklärung. Freut sich sehr auf die Herausforderung des Seminars, weil sie sich schon jetzt sagt, dass alles mit dem Kopf zu erklären ist.

Ziel: Mehr Gelassenheit und wirkliches Selbstbewusstsein.

David Talenter

20 Jahre alt, gerade getrennt, keine Kinder. Wird als sehr talentiert im Bereich Marketing angesehen. Besucht viele Schulungen. Ist ein absoluter Team- und Familienmensch. Versucht, Streitigkeiten immer sofort zu lösen. Gibt sein Bestes. Will immer und überall helfen, lösen und sowohl als Freund als auch als Berater seinen Kollegen zur Seite stehen. Vergisst dabei oft sich selbst. Nimmt viele Aufgaben an, auch wenn es eigentlich unmöglich ist, sie alle zu schaffen. David macht es irgendwie möglich.

Ziel: Kein konkretes – hat einfach durch seine guten Leistungen das Seminar als Belohnung verdient.

Werner Front

62 Jahre alt, verheiratet, drei erwachsene Kinder. Arbeiter an der Front. Kein Freund der vielen Worte. Hat schon jetzt Angst vor der Pensionierung. Arbeit ist sein Leben. Sagt oft, dass er im Leben viele Fehler gemacht habe. Damit meint er die Scheidung von seiner ersten Frau, die Behandlung seiner zwei Söhne und seine Wut, die er oft nicht unter Kontrolle hat. Werner ist im Team nicht sehr beliebt, weil er ständig an allem rummeckert.

Ziel: Werner zu helfen, dass er den Lebenssinn noch anders findet und seine Pensionierung irgendwann genießen kann. Das hätte er verdient. Er hat viele Jahre gute Arbeit geleistet. Es wäre auch schön, wenn er etwas harmonischer in den Ruhestand gehen und das Team nicht aufatmen würde, weil der ‚Nörgler' weg ist.

2. DIE VORBEREITUNGEN

„Tja meine Lieben, sicherlich wundert ihr euch, warum ich euch in dieser bunt gemischten Runde hierher bestellt habe. Ihr wisst, dass ich manchmal raubeiniger wirke, als ich möchte. Oft handle ich nach dem Motto: ‚Keine Kritik ist Lob genug', obwohl ich es besser weiß. Im Arbeitsalltag komme ich oft darüber hinweg. Am Abend ärgere ich mich dann selbst. Als hätte ich nicht auf den vielen Schulungen gelernt, wie wichtig es ist, die Mitarbeiter zu loben, um die Motivation aufrecht zu erhalten. Aber, meine Lieben, da zeigt sich wieder der Unterschied zwischen Theorie und Praxis oder bei mir auch vielleicht zwischen Wunsch und Wirklichkeit."

Er zwinkert der Runde mit seinen klaren Augen zu. „Oft verpufft ein Seminar nach wenigen Tagen, auch wenn ich mir vornehme: Diesmal setze ich wirklich alles um! Nun ist es wieder einmal so weit. Mir ist aufgefallen: Ich habe zu wenig gelobt. Also habe ich beschlossen, aus jeder Abteilung den besten Mitarbeiter herauszunehmen und ihm ein Seminar der Extraklasse zu schenken. Jeder von euch, der hier steht, hat in den vergangenen Jahren Außergewöhnliches geleistet. Sei es Olga aus dem Lager, Susanne aus dem Personalbüro, Katrin, unsere Perle des Controllings, Herbert, Benno, David, Werner oder unser Norbert ..., alle haben es verdient, dabei zu sein.

In euren Augen sehe ich, dass ihr neugierig auf die junge Frau an meiner Seite schaut. Ich darf sie euch vorstellen: Das ist eure Seminarleiterin Janette Ben Salem. Vielleicht denkt ihr jetzt: Na ja, was soll an einem Seminar schon Extraklasse sein! Ich werde es euch verraten. In drei Wochen geht es los.

Die Flüge sind gebucht, das Hotel ist reserviert, Widerspruch zwecklos. Ihr fliegt nach Südtunesien. Dort genießt ihr vier Tage Strand, Sonne, Hotel und gutes Essen. Drei Tage geht ihr in die Wüste. An diesen drei Tagen lebt ihr wie die Nomaden und erlebt unter der Leitung von Frau Ben Salem und einem ausgebildeten Wüstenführungsteam das eben erwähnte Seminar.
Wenn ihr euch fragt, welche Inhalte das Seminar hat, so kann ich euch dies nicht verraten. Verraten kann ich euch aber, dass ihr bei Frau Ben Salem in besten Händen seid. So, und mehr will ich nicht sagen. Ich wünsche euch noch viel Spaß bei der Arbeit bis zur Reise und noch viel mehr Spaß bei dem, was das Seminar euch schenkt."
Gespannt schaut Chefmeyer in die Runde. In allen Augen kann er Gefühle unterschiedlichster Couleur erkennen. Angst, Spannung, Neugier, Fragen – aber auch Stolz, dabei sein zu dürfen.
„Hier erhaltet ihr eine Aufzählung der Dinge, die ihr für die Wüste benötigt."
Neugierig schauen die Mitarbeiter auf die ausgeteilten Schreiben: feste hohe Schuhe wegen der Skorpione, 2-3 atmungsaktive, langärmlige Hemden, damit die Sonne nicht die Haut versengt, die Hemden ruhig eine Kleidergröße größer als normal, damit die Luft gut zirkulieren kann, 2 Trecking-Zipp-Off-Hosen, Sonnenschutzcreme, Kopfbedeckung, Jacke (regen- und winddicht), Arbeitshandschuhe, Fleece- oder Wollpullover.

Am Flughafen auf Djerba gelandet, wird die Truppe bereits erwartet. Janette Ben Salem ist auch schon dort und holt die Seminarteilnehmer persönlich ab.
„Für Sie zur Information: Wir werden jetzt circa zwei Stunden unterwegs sein, bevor wir in unserem Hotel in Douz ankommen. So gegen 17.00 Uhr erreichen wir es. Nehmen Sie sich dort Zeit und genießen Sie die letzte Nacht vor der Wüste. Wir treffen uns gegen 19.30 Uhr zum gemeinsamen Essen und zu den ersten Vorbereitungen! Wenn Sie mir jetzt bitte folgen."
Frau Ben Salem geht forschen Schrittes voran und die Truppe folgt.

3. IN DER WÜSTE

DAS ERSTE TREFFEN

Gespannt sitzen alle Teilnehmer, nachdem sie gut gespeist haben, in einer Runde im Schatten einer Palme am Hotelpool. „Schön", denkt Frau Ben Salem bei sich, „alle sind pünktlich. Das ist ein gutes Zeichen – sie sind neugierig." Frau Ben Salem atmet einmal tief ein und beginnt den ersten Teil des Seminars.

„Was passiert in den ersten 7 Sekunden, in denen ein Mensch einen anderen sieht?"

Frau Ben Salem schaut still in die Runde, innerlich ist sie gespannt, wie sich wohl diese Truppe in diesen drei Tagen entwickeln wird. Nie kann man es genau sagen, es ist immer wieder anders.

„Nun, in den ersten sieben Sekunden macht sich jeder Mensch einen Eindruck von seinem Gegenüber. Das bedeutet, wenn zum Beispiel Sie, Werner, denken: ‚Na, was will die Frau uns schon erzählen und das auch noch in der Wüste? Die ist doch viel zu jung und hat noch gar keine Lebenserfahrung!', dann müsste ich bei Ihnen, Werner, 180% geben, könnte mir ein Bein ausreißen, auf dem Kopf stehen und mit den Ohren wackeln und dennoch würde Ihnen das Seminar nicht gefallen und Sie würden nach Hause gehen mit den Worten: ‚Das Seminar hat mir nicht gefallen. Das hat sich nicht gelohnt!' Wenn aber zum Beispiel Sie, Susanne – ist der Name richtig? – denken: ‚Frau Ben Salem wirkt sympathisch auf mich. Ich bin gespannt, wie das Seminar wird.

Bestimmt spannend!', dann müsste ich bei Ihnen, Susanne, nur 80% geben und Sie würden am Ende des Seminars sagen: ,Das war wirklich super. Ich habe viel gelernt.'"
Frau Ben Salem schaute in die Runde der neugierigen Augen und wie in jedem Seminar nimmt sie zur Erklärung der Macht des ersten Eindrucks immer genau die beiden Personen, von denen sie glaubt, dass sie sie entweder besonders unsympathisch finden, wie Werner, oder auf die sie, wie auf Susanne, besonders sympathisch wirkt.
„Nun", spricht Frau Ben Salem weiter, „jeder Mensch hat aber nur 100%. Und innerhalb von sieben Sekunden entscheiden wir, ob wir eine Person mögen oder nicht. Auch Sie, wie Sie hier in dieser Runde sitzen, haben beim ersten Gespräch innerhalb von sieben Sekunden entschieden, wen Sie in dieser Runde sympathisch oder weniger sympathisch finden. Dies alles hier ist eine sicherlich nicht alltägliche Situation. Genau aus diesem Grund möchte ich Sie einladen, sich in diesem Rahmen freizumachen von der Macht des ersten Eindrucks. Ich, Janette Ben Salem, begrüße Sie ganz herzlich hier in dieser Runde in dieser Wüste. In meiner Heimat."
Frau Ben Salem schaut in die Runde, versucht einzuschätzen, was die einzelnen Teilnehmer wohl denken. Sie versucht, die Stimmung zu spüren, und spricht weiter: „Wir werden uns in diesen drei Tagen hier in der Wüste näher kennen lernen. Auch über mich werden Sie einiges erfahren, z. B. dass ich Psychologin bin."
Frau Ben Salem zwinkert den einzelnen Teilnehmern zu, da sie genau weiß, dass der Beruf der „Psychologin" bei vielen Menschen nicht immer unbedingt den größten Sympathiefaktor besitzt.

Camp in der Oase

„In Seminaren gibt es immer zwei Typen von Menschen. Es gibt immer einen ‚Yes-Butter'. Ein Yes-Butter ist ein Mensch, der immer sagt: ‚Yes, but, das heißt, ja, aber'.
Wir Psychologen wissen, dass der Satz vor dem ‚aber' gelogen ist. Und das kennen Sie auch alle.
Folgendes Beispiel: Stellen Sie sich einmal vor, Sie wollen es sich zu Hause so richtig gemütlich machen. Sie haben ihre Wohlfühlkleidung an, draußen herrscht so richtig hässliches Wetter. Und Sie sind gerade auf dem Weg Richtung Sofa. Für die Frauen von uns: Sie haben ein schönes Glas Wein und ein gutes Buch. Die Männer nehmen dann eher das Hefeweizen und eine gute DVD. Wie dem auch sei ... Sie sind also gerade auf dem Weg zu Ihrem Sofa, alles liegt bereit für einen gemütlichen Abend – und plötzlich klingelt es an der Tür. Leicht irritiert stehen Sie auf, öffnen zaghaft und – einer Ihrer hektischsten Freunde steht vor Ihnen und fragt Sie ganz erwartungsvoll: „Hey, wie sieht es aus? In der Stadt hat eine neue Diskothek geöffnet und da will ich jetzt mit dir hin."
Ihre Reaktion: ‚Gut die Idee, aber ...':
Sie sehen, der Satz vor dem ‚aber' ist gelogen.
Es gibt aber auch immer in einem Seminar den sogenannten ‚Why-notter', welcher bei sich denkt: ‚Hey, why not – warum nicht?'
Wahrscheinlich haben Sie gerade, als Sie gehört haben, dass Sie eine Psychologin vor sich haben, schon das Schlimmste befürchtet."
Wieder zwinkert Frau Ben Salem in die Runde. „Eine Psychologin macht bestimmt lauter Psychospielchen mit uns. Und ... Sie haben Recht. Wir starten mit einem kleinen Test, um zu

sehen, wie wir heute gelaunt sind. Eher ,Yes but' oder ,Why not'. Dazu nutzen Sie bitte Stift und Papier. Auf geht's! Ich stoppe jetzt die Zeit. Genau 20 Sekunden. In diesen 20 Sekunden schreiben Sie bitte so schnell und so oft Sie können ihre Unterschrift. Okay?"

Liebe Leser/liebe Leserin, Sie natürlich auch – und lesen Sie bitte nicht weiter, bevor Sie den Test nicht gemacht haben. Machen Sie bitte auch alle anderen Übungen im Buch mit. Es wird Ihnen Spaß machen und Erkenntnis bringen.

„Also: Auf die Plätze – Fertig ... Los!"
Ben Salem beobachtet, wie jeder Einzelne diese Übung annimmt. Die meisten Teilnehmer sind sehr neugierig und gerade zu Beginn eines Seminars traut sich keiner, sofort unangenehm aufzufallen, indem er das Mitmachen einer solchen Übung verweigert. Die 20 Sekunden sind um.
„Super, die erste Aufgabe in der Wüste ist schon erfolgreich gemeistert."
Frau Ben Salem schaut wieder lächelnd in die Runde.
„So, das Ganze noch einmal. Ich stoppe wieder die Zeit. Sie schreiben wieder so schnell und so oft Sie können ihre Unterschrift. Jetzt kommt mein ,ABER'. Sie nehmen den Stift dazu bitte in die andere Hand."

Lieber Leser, liebe Leserin, Sie auch wieder – also: Den Stift bitte in die andere Hand!)

Allgemeines ‚Oh' und ‚Ah' ist zu hören. Dennoch versuchen es alle. Wieder beobachtet Frau Ben Salem. Die Zeit ist rasch abgelaufen.
„Nun, jetzt fragen Sie sich bestimmt alle: Was soll das? Sie sind ja bestimmt nicht in der Wüste, um mit der anderen Hand schreiben zu lernen.

Den Stift in die andere Hand zu nehmen, ist etwas Neues, etwas Unbekanntes – und Ihr Unterbewusstsein hat Ihnen und mir gezeigt, wie Sie in ihrem Leben reagieren, wenn etwas Neues auf Sie zukommt." Frau Ben Salem spürt, dass sie jetzt die volle Aufmerksamkeit der Teilnehmer hat.
„Der eine Mensch denkt bei dieser Übung: ‚So ein Quatsch, das mache ich nicht.' Ein anderer denkt: ‚Oh ..., das kann ich nicht.' Oder Sie denken: ‚Ich fühle mich mit der Übung nicht sehr wohl, aber die Frau da vorne erscheint so dominant, dass ich es mal lieber mache. Und ein ganz anderer denkt: ‚Etwas Neues ..., das ist ja spannend, das probiere ich gerne mal aus.'
So wie Sie sich jetzt im Einzelfall gefühlt haben, als diese Übung begann, so denken Sie in Ihrem Leben immer, wenn etwas Neues auf Sie zukommt.
Kommt in diesem Seminar etwas Neues? Ich hoffe doch sehr. Sie entscheiden, wie Sie es hier aufnehmen möchten."
Frau Ben Salem schaut in die Runde. Der erste wichtige Schritt ist getan. Den Nörglern ist der erste Wind aus den Segeln genommen und alle Teilnehmer wurden zum Nachdenken angeregt. Dieses Spiel zu Beginn des Seminars hilft immer wieder, die Bereitschaft, sich auf ein Thema, insbe-

sondere eines, welches alte Denkmuster ändern will, einzulassen.

„Beginnen wir mit einer ersten Übung. In diesen drei Tagen in der Wüste müssen wir uns hundertprozentig aufeinander verlassen können. Daher möchte ich, dass wir uns einander vorstellen. Vorher möchte ich Ihnen eine Geschichte vorlesen.

In diesem Seminar geht es um uns Menschen. Es ist mir egal, wie viel Geld Sie verdienen, welchen Job Sie haben. Ich möchte SIE sehen. Den Menschen. Lehnen Sie sich nun also zurück und lauschen Sie den Worten einer alten Frau, die Ihren Pflegeschwestern ihre Gedanken schreibt."

Stille legt sich über die Teilnehmer. Im Hintergrund ist nur das Zirpen von Grillen zu hören. Es weht ein leichter Wind und für einen Augenblick verweilen alle in der Ruhe, bevor die Worte von Frau Ben Salem durch den Abend klingen.

Gedicht einer pflegebedürftigen, alten Frau

Was seht ihr, Krankenschwestern, was seht ihr,
was denkt ihr, wenn ihr mich anseht?
Seht ihr eine nörgelnde alte Frau,
die nicht sehr weise scheint?
Seht ihr eine alte Frau,
die unsicher in ihren Gewohnheiten ist,
mit weit entfernten Augen dasitzt?

Seht ihr eine alte Frau,
die sabbernd ihr Essen isst und nicht reagiert,
wenn du mit lauter Stimme sagst:

„Sie müssen das jetzt essen!"
Eine alte Frau, die nicht zu registrieren scheint
die Dinge, die du tust,
eine alte Frau, die ständig einen Strumpf
oder Schuh verliert?
Seht ihr eine alte Frau, die sich wehrt oder
dich nicht arbeiten lässt, wie du willst?
Seht ihr eine alte Frau,
deren Tag mit Baden und Füttern gefüllt ist?

Ist es das, was du denkst? Ist es das, was du siehst?
Dann öffne deine Augen, Krankenschwester,
sieh mich an!

Ich erzähle dir, wer ich bin,
wenn ich hier so still sitze.
Ich erzähle dir, wer ich bin,
wenn ich nach deinen Geboten handle.

Ich erzähle dir, wer ich bin,
wenn ich nach deinem Willen esse.
Ich bin nicht nur die alte Frau.
In mir ist noch immer mein Leben.
In mir ist immer noch mein gelebtes Leben!
Ich bin auch immer noch das kleine Kind
im Alter von zehn, mit Vater und Mutter
und mit Brüdern und Schwestern, die sich lieben.

Komm mit Krankenschwester,
ich lade dich ein in mein Leben.

Ich bin immer noch das junge Mädchen
mit sechzehn, mit Flügeln an meinen Füßen.
Träumend, dass sich bald
ein Geliebter finden wird.
Ich bin auch die Braut bald mit zwanzig –
mein Herz macht einen Sprung,
ich erinnere mich an die Gelübde und Versprechen,
die versprachen, ein Leben zu halten?

Mit fünfundzwanzig dann habe ich selbst Kinder,
die mich brauchen, denen ich
ein sicheres, glückliches Heim biete.
Dann bin ich auch die Frau mit dreißig,
meine Kinder sind schnell groß geworden,
aneinandergebunden mit einem Band, das hält.

Mit vierzig dann, meine jungen Söhne
sind erwachsen geworden und gegangen,
mein Mann aber ist neben mir,
um zu sehen, dass es mir gut geht.
Mit fünfzig spielen wieder Kinder um meine Knie,
wieder haben wir Kinder, mein Liebster und ich.

Aber auch finstere Tage sind über mir,
mein Mann ist tot;
Ich blicke in die Zukunft, ich schaudere vor Furcht.
Meine Kinder erziehen ihre eigenen Kinder,
und ich denke an die Jahre und die Liebe,
die ich kannte.

Ich bin nun eine alte Frau
und die Natur ist grausam,
denn sie treibt ihren Scherz, indem sie einen alten Menschen
wie einen Narren aussehen lässt.
Der Körper, er zerfällt,
Anmut und Kraft schwinden,
das Herz wird kalt und hat viele Narben.

Aber in diesem alten Körper
lebt immer noch ein junges Mädchen.
Und hin und wieder schwillt mein altes Herz.
Ich erinnere mich an die Freude,
ich erinnere mich an den Schmerz,
und ich liebe und lebe mein Leben noch einmal.

Ich denke an die Jahre, die alle zu wenig waren.
Sie gingen zu schnell,
und ich akzeptiere die Tatsache,
dass nichts ewig bestehen kann.

So öffnet eure Augen, Schwestern,
öffnet sie und seht,
seht nicht nur eine nörgelnde alte Frau,
seht näher hin,
seht mich!

Frau Ben Salem hebt den Blick und schaut in die Gesichter der Menschen. Nachdenkliche Stille. Nun hat Frau Ben Salem genau die Stimmung, in der sie die Teilnehmer haben möchte. Weg von dem äußeren Schein – hin zu innerer Betrach-

tung. Weg von dem Lärm – hin zu der Stille – der einzigartigen Stille der Wüste.
Langsam und leise spricht sie weiter. „Sehen Sie nun also den Menschen, der sich Ihnen vorstellt. Öffnen Sie sich. Finden Sie sich zu zweit und erzählen Sie Ihrem Gegenüber, was Ihre größten Lebenswünsche sind und wovor Sie Angst im Leben haben."
Die Teilnehmer stehen zögerlich auf und bewegen sich aufeinander zu. Ben Salem weiß genau, welche Herausforderung diese Übung für die meisten Menschen darstellt. Sich einem anderen mit seinen Ängsten zu öffnen, das braucht Mut! Nach circa 15 Minuten ruft Frau Ben Salem die Truppe wieder zusammen. „Bitte stellen Sie jetzt Ihren jeweiligen Übungspartner vor!"
Folgendes hören die Teilnehmer voneinander:

Über Olga

Olgas größter Wunsch ist es, neben einem gesunden und glücklichen Leben für sich und ihre Familie, einen Platz im Leben zu finden, wo sie sich sicher und als Mensch angenommen fühlt. Angst hat sie viel. Sie lässt sich z. B. schnell von Menschen wie Norbert einschüchtern. Ihre derzeitig größte Angst ist die, sich auf dem Seminar zu blamieren. Olga ist sehr misstrauisch und befürchtet, wie so oft, im Seminar vorgeführt und lächerlich gemacht zu werden.

Über Norbert

Seine Wünsche sind, dass er im Leben Erfolg hat und glücklich ist. Manchmal wünscht er sich auch, einfach so angenommen zu werden, wie er ist – ohne immer Leistungen erbringen zu müssen. Auch wenn er es nicht gerne zugibt, ist auch er etwas nervös, weil er nicht weiß, was ihn erwartet, und hat etwas Angst, dass die Teilnehmer mitbekommen, dass er hinter der harten Schale einen weichen Kern verbirgt.

Über Susanne

Susanne wünscht sich Beständigkeit, Sicherheit und Erfolg im Leben. Sie hat Angst, den Anforderungen, die an sie gestellt werden, nicht gerecht zu werden. Befürchtet, dass ihr Einsatz nie gut genug ist. Zudem ist sie sich eigentlich gar nicht so sicher, ob sie nicht etwas ganz Anderes machen soll. Ehrlich gesagt, fühlt sie sich manchmal sogar etwas ausgelaugt und hat, wie viele andere auch, Angst, in diesem Seminar an ihre Grenzen zu kommen.

Über Herbert

Er wünscht sich nur, dass er seine Familie glücklich machen kann und weiterhin einen erfolgreichen Job hat. Er freut sich sehr auf die Reise, hat keine Ängste, hofft aber, in dem Seminar Möglichkeiten zu finden, wie man Familie und Arbeit unter einen Hut bringen kann und dabei allen gerecht wird. Außerdem reagiert er seinen Stress immer mit zu viel Essen ab und würde sich freuen, wenn eine Gewichtsreduktion ein angenehmer Nebeneffekt des Seminars wäre.

Über Benno

Er wünscht sich finanziellen Erfolg, mit dem er sich seine Wünsche erfüllen kann. Besonders wichtig ist ihm aber auch

Zeit für das Leben. Er hat Angst, in seinem Leben nichts zu erreichen. Er fühlt sich hin- und hergerissen, weil sein Vater nur gearbeitet hat, dann früh gestorben ist. In ihm taucht immer wieder die Frage auf, ob er nun mehr Zeit in die Arbeit investieren soll oder in das Leben.

Über Katrin

Katrin wünscht sich einen starken Lebenspartner an ihrer Seite und hätte gerne etwas mehr finanzielle Unabhängigkeit, damit sie ihrem Sohn mehr im Leben bieten kann. Sie hat Angst vor der Zukunft, Angst vor ihrer eigenen Schwäche, Angst, ihrem Sohn nicht zu genügen. Sie freut sich sehr auf die Herausforderung des Seminars, weil sie sich schon jetzt sagt, dass alles mit dem Kopf zu erklären ist.

Über David

David wünscht sich eine Partnerin, mit der er eine Familie gründen kann, beruflichen Erfolg und Gesundheit. Seine Angst kann er auf den Nenner „Verlust" bringen. Er hat Angst, keine neue Partnerin zu finden, und hat Angst, Familie und Freunde zu verlieren. Die Verlustangst ist besonders stark dahingehend, dass Menschen, die ihm wichtig sind, sich von ihm abwenden könnten.

Über Werner

Werner möchte über seine Wünsche und Ängste nicht sprechen.

Nach dieser ersten Übung gibt Frau Ben Salem den Teilnehmern die Gelegenheit, etwas über sie persönlich zu erfahren, indem sie ihnen das Angebot macht, ihr Fragen zu stellen über Dinge, die sie gerne von ihr wissen möchten.
Norbert: „Wovor haben Sie Angst?"
Frau Ben Salem schaut in die Runde. „Ich habe Angst, in meinem Leben zu versagen. So viele Menschen schule ich über das Leben und wie sie zu innerer Ruhe finden können. Manchmal habe ich Angst vor dem Leben. Angst, falsche Entscheidungen zu treffen, nicht mehr gut genug zu sein. Angst habe auch ich. Die Herausforderungen des Lebens liegen jedoch darin, sich dieser bewusst zu sein und sie zu besiegen. Viele Menschen lassen sich leider von ihrer Angst besiegen. Somit nehmen sie sich das Leben, bevor es begonnen hat.
Ich erzähle Ihnen eine Geschichte:

Die Angst

Alljährlich besuchte die Cholera die heilige Stadt Mekka und forderte ihre Opfer. Ihr Begleiter war ihr Freund, der Tod.
Vor den beiden her lief die Furcht und schlich sich, vom Torwächter unbemerkt, in die Stadt ein. Bald danach stand die Cholera vor dem Tor und begehrte Einlass.
Der Torwächter der Stadt öffnete und sprach: „Kommst du auch dieses Jahr wieder und befällst die Menschen?"
„Ja, auch dieses Jahr", sagte die Cholera, „aber ich verlange nicht mehr als sonst."
„Wie viele Menschen forderst du?"
„500, wie immer, nicht mehr, ich verspreche es dir."

Dann wandte sich der Torwächter der Stadt an den Tod, den Begleiter der Cholera: „Wie viele wirst du holen?" „Nicht mehr, als meine Freundin, die Cholera, mir gibt. Du kannst es mir glauben."
Darauf ließ der Wächter die beiden in die Stadt, wo sie ihr grausiges Werk verrichteten. Nach einiger Zeit kamen sie wieder ans Tor und verlangten, dass der Torwächter sie herausließe.
„Nun", fragte der Torwächter die Cholera, „wie viele Opfer sind dir in die Hände gefallen?"
„Ich habe mein Versprechen gehalten und die Zahl nicht überschritten. Ich nahm sogar nur 490 Menschen." Der Wächter war zufrieden und sprach zum Begleiter, dem Tod: „Und wie viele nahmst du dir?" „Mehr als 1.000 Tote nahm ich mit", sagte der Tod. Da erschrak der Torwächter sehr.
„Sag, wie ist es möglich? Die Cholera gab dir doch nur 490."
Der Tod lächelte spöttisch. „Ja", sagte er, „der Cholera fielen nur 490 zum Opfer, aber du, Torwächter, hast nicht bemerkt, dass die Furcht sich in eure Stadt eingeschlichen hat. Die Furcht hat mehr Unheil angerichtet als die Cholera."

„Die Angst frisst Seelen auf", sagt Frau Ben Salem. Die Gruppe schaut und schweigt. Zögernd und leise fragt Olga: „Aber was soll ich tun, wenn ich Angst habe? Wie kann ich sie überwinden?"
„Wir werden hier in der Wüste viel erleben, Olga! Bestimmt auch das eine oder andere Mal Angst spüren. Lassen wir es auf uns zukommen und wenn es so weit ist, zeige ich Ihnen, wie Sie Ihre Angst verlieren!"

„Bevor wir einige Regeln für die Wüste besprechen, gilt es, eine lebenswichtige Frage zu beantworten: Wer sitzt am Lenkrad Ihres Lebensautos? Wer entscheidet Ihr Leben? Norbert, wie ist das bei Ihnen?"

„Ich natürlich, wer sonst?"

Frau Ben Salem nickt. „Prima, und wie ist es bei Ihnen, Olga?"

„Oh nein, bitte nicht mich ...", denkt Olga.

„Na, ich?"

„Ja, sehr gut!"

Frau Ben Salem fragt noch zweimal in die Runde und schaut dann alle an. „Wissen Sie, ich gebe wirklich viele Seminare. In allen Seminaren stelle ich zu Beginn diese Frage. Und fast alle Menschen antworten genauso wie Sie mit ‚Ich'. Jedes Mal freue ich mich über diese Antwort, zweifle aber auch. Denn wenn Sie selbst Ihr Lebensauto fahren, dann haben Sie so viele Möglichkeiten. Sie können rechts abbiegen, links abbiegen, schneller oder langsamer fahren, eine andere Straße wählen oder auf der gewählten Straße bleiben. Auch wenn es vielleicht nicht Ihre Lieblingsstraße ist, aber eben eine sichere, wissen Sie beim Autofahren, dass Sie sich für diese Strecke entschieden haben. Warum ist es im Leben anders? Viele Menschen sind Beifahrer in ihrem Leben und das Schlimme ist, sie schimpfen über die Person, die fährt. Ich nenne diese Krankheit ‚Jammeritis'. Wir Menschen haben viele unangenehme Dinge im Leben zu ertragen. Wie wir damit umgehen, führt letztlich zum Erfolg. Entscheiden Sie selbst!

Menschen quälen sich oft mit Freundschaften, Partnerschaften, die keine sind oder, die Probleme haben, um deren Probleme sich aber nicht gekümmert wird.
Die Herausforderung liegt darin, sich wirklich selbst zu entscheiden. Fast alle Situationen in unserem Leben können wir selbst bestimmen – zumindest können wir uns immer selbst entscheiden, wie wir damit umgehen wollen. Es ist leichter, über eine oder mehrere Situationen in seinem Leben zu schimpfen, anstatt sein Leben eigenverantwortlich in die Hand zu nehmen und zu entscheiden. In dem Augenblick, in dem wir Menschen uns dazu entscheiden, das Leben eigenverantwortlich in die Hand zu nehmen, gehen wir einen ersten Schritt in Richtung ‚ERFOLG'. Zu viele Menschen leben nach dem Motto: Leiden ist leichter als Handeln! Dazu erzähle ich Ihnen eine kurze Anekdote.
Kürzlich besuchte ich einen Freund. Sein Hund lag auf der Veranda und jaulte jede Minute ganz jämmerlich auf. Besorgt fragte ich meinen Bekannten, was denn der Hund habe, es höre sich ja an, als ob er Schmerzen habe. ‚Naja', sagte mein Bekannter, ‚er liegt auf einem Nagel, der ihm die ganze Zeit in den Hintern piekst!' ‚Hmmm, wieso legt sich der Hund denn nicht einfach woanders hin?' ‚Wir sind heute Morgen gejoggt und jetzt ist er einfach müde. So ist es für ihn bequemer, sich in den Hintern pieksen zu lassen, als sich einmal zu erheben und sich woanders hinzulegen.'

‚Was für ein dummer Hund', denken Sie?" Frau Ben Salem sieht das Schmunzeln in Bennos Gesicht. „Nun, so dumme Hunde sind wir aber auch manchmal. Wir lassen uns lieber

pieksen, als zu wagen, uns zu erheben und zu testen, ob wir woanders nicht doch bequemer liegen könnten.
An dieser Stelle möchte ich Ihnen meine erste Wüstenweisheit mitteilen. Nicht nur Weisheit, sondern auch Regel:

Jammern und nichts ändern gilt nicht.
Oder:
Nichts ändert sich, außer ich ändere mich.

Leben Sie Ihr Leben so, wie Sie Auto fahren würden. Das bedeutet mit Eigenverantwortung, bedeutet, anhalten dort, wo es schön ist, langsam fahren, wenn die Strecke mal gefährlich wird, Gas geben, wenn die Strecke es zulässt. Manchmal müssen wir auch wenden, wenn wir uns verfahren haben. Alles das ist uns klar, wenn wir über das Autofahren sprechen. In unserem Leben machen wir es uns so schwer. Uns gefällt die Straße nicht, aber wir fahren weiter. Lenken Sie Ihr Lebensauto selbst. Sie sind der einzige Mensch, der Ihr Leben verändern kann! Wir können es auch so formulieren:

Wenn du immer das Gleiche tust – bekommst du auch immer das Gleiche. Also tue so lange etwas anderes, bis du das hast, was du haben möchtest! Habe den Mut, dein Leben in die Hand zu nehmen. Leben ist leicht, wenn du weißt, wie es funktioniert.

Wir Menschen machen uns das Leben einfach zu schwer. Sie werden Antworten bekommen, wie Leben einfach funktionieren kann! Natürlich: Es ist leichter, wenn wir es auf andere schieben können, wenn andere Schuld haben, nur ... ändern wird sich dadurch nichts. Also starten wir das Seminar mit der großen Überschrift der Eigenverantwortung und dem Wissen, dass ich zu jeder Zeit mein Leben ändern kann."

Sie liest ihnen ein indisches Tantra, welches sie vor langer Zeit einmal gefunden hat, vor.

Ich gehe eine Strasse

1. Ich gehe eine Straße. Da ist ein Loch.
Ich falle hinein. Ich habe Angst.
Es ist sehr schwer und dauert sehr lange,
bis ich wieder hinauskomme.

2. Ich gehe eine Straße. Da ist ein Loch.
Ich falle hinein. Ich kenne dieses Loch schon.
Es fällt mir schon leichter hinauszukommen.

3. Ich gehe eine Straße. Da ist ein Loch.
Ich falle hinein. Ich kenne mich gut aus hier.
Ich komme sehr schnell und leicht wieder
aus dem Loch hinaus.

4. Ich gehe eine Straße. Da ist ein Loch.
Ich sehe das Loch und gehe drum herum.

5. Ich gehe eine andere Straße!

Frau Ben Salem schaut in die Runde. Stille. Jeder der Teilnehmer geht dem Gesagten in seinen eigenen Gedanken nach.

„So, genug für heute Abend. Einige Regeln für die Wüste stehen noch an:

1. Keiner geht allein weit vom Konvoi weg. Immer nur zu zweit.
2. Wir können uns hundertprozentig aufeinander verlassen!
3. Jeder hält sich an die Trink- und Essensrationierung. Es gibt während der ganzen Tour keinen Alkohol. Halten Sie auch Ihr Nikotinverlangen in Maßen. Gehen Sie weg von dem maßlosen Konsum, hin zur Bescheidenheit.
4. Kein Müll wird in der Wüste liegen gelassen oder weggeworfen. Auch keine Zigarettenkippen. Wir behandeln die Natur respektvoll und ehrfürchtig!
5. Wenn Sie Ihre Kleidung oder Schuhe ausziehen, kontrollieren Sie diese vor dem Anziehen immer erst auf Skorpione.
6. Für die Notdurft graben Sie bitte immer Löcher und schütten Sie sie danach wieder zu.
7. Wir werden mit drei Geländewagen starten. Jeder Wagen wird von einem wüstenerfahrenen Fahrer gesteuert. Die Fahrer stelle ich Ihnen morgen früh vor. Stellen Sie sich gut mit ihnen – ein Fahrer ist auch unser Koch!
8. In jedem Fahrzeug werden immer drei von Ihnen mitfahren. In einem Fahrzeug fahre ich selbst mit.

Die Gruppen werden immer wieder neu gemischt, sodass sich alle genau kennen lernen werden.

9. Tragen Sie bitte alle immer ein Kopftuch - zum Schutz vor der Sonne. Wir werden gleich gemeinsam üben, wie Sie es festbinden.
10. Im Falle einer unerwarteten Situation bewahren Sie Ruhe und folgen Sie immer und zu 100% meinen Anweisungen bzw. denen der Fahrer!"

Frau Ben Salem schaut in die Runde. „Haben Sie Fragen zu den Regeln?"
Alle schütteln den Kopf.
„Mann, die kann ja ganz schön forsch und bestimmend sein", denkt sich Norbert und ist noch mehr auf den morgigen Tag gespannt.

TAG 1 – LEBEN IST EINFACH & SUSANNE LERNT IHRE ZIELE KENNEN

„Na super!" Norbert schaut auf den Wecker, 5.45 Uhr. „Ich hasse es, so früh aufzustehen!"
Die Gruppe sitzt um 6.30 Uhr beim Frühstück beisammen. Erste Gruppierungen bilden sich. Norbert und Benno scheinen sich gut zu verstehen. Olga sitzt immer etwas außen vor.
„Na ..., das bekommen wir schon noch hin! Jetzt packen wir es an!", denkt Frau Ben Salem bei sich, steht auf und wendet sich an die Gruppe. „So! Packen Sie bitte die Sachen zusammen und finden Sie sich in zwei Dreier-Gruppen und einer Zweier-Gruppe, wie Sie in den Autos in die Wüste fahren wollen!"
Stühle rücken, Stimmen – eine erwartungsvolle Aufregung ist zu spüren. Was wird wohl auf sie zukommen?
„Sie erhalten von mir Checklisten, anhand derer Sie bitte gemeinsam die Autos kontrollieren."
Die Gruppe nimmt die Zettel entgegen und studiert sie neugierig. An den Autos angekommen, stellt Frau Ben Salem die drei Fahrer vor.
„Darf ich Sie mit unseren drei wichtigsten Personen bekannt machen? Emir, Sami und Bechir. Für das leibliche Wohl sorgt unser Bechir – also passen Sie auf ihn ganz besonders auf!", sagt Frau Ben Salem schmunzelnd. „Ach, noch eine Wüsten-Regel: In der Wüste wird sich geduzt. Ab jetzt sind wir nur noch Menschen, ohne jeden Status, die sich voll aufeinander verlassen können. Vergesst einige Konventionen und denkt

immer daran: Auf den Menschen kommt es an! Nennt mich also Janette!"
Frau Ben Salem dreht sich um und wendet sich voller Konzentration dem Check des Autos zu. Innerlich lächelt sie, wenn sie sich die verdutzten Gesichter vor Augen holt, die die Teilnehmer immer machen, wenn das „DU" vorgegeben wird!
„Olga, kontrollierst du bitte die Verpflegung?"
Janette drückt ihr die Checkliste in die Hand.
„Ja, okay!", erwidert Olga schüchtern. „Bloß keine Fehler machen!", schießt es ihr gleichzeitig durch den Kopf. Sie atmet tief durch und kontrolliert die Kühlbox auf Eis und Wasser, Brot, Bohnen, Reis, Dattelsirup, Tee, Kochutensilien, Besteck, Spüllappen, biologische Reinigungsmittel, Erste-Hilfe-Kasten. „Alles da!", ruft sie Janette zu. „Irgendwie spannend." Sie ist froh, dass sie mit Janette – komisch, Frau Ben Salem so anzusprechen – und Herbert zusammen fährt. Herbert ist auch sehr nett.
„Zelt?"
„Ja!"
„Schlafsäcke?"
„Drei Stück!", ruft David zurück, während Benno ihm die Liste langsam vorliest. Das erste Team arbeitet gut zusammen. „Feuerzeuge, Toilettenpapier, Insektenspray, Dosenöffner, Schöpfkelle." Benno und David lachen.
„Du meine Güte, woran man alles denken muss. Ich hätte die Hälfte vergessen!", sagt Norbert, der dritte im Wagen.
Auch die letzte Truppe schlägt sich gut durch den Sicherheits-Check. Werner ist in seinem Element, weil er Susanne und Katrin gerade die Geländetauglichkeit des Autos

erklärt und alle drei dabei den Fahrzeug-Check erledigen: Ersatzreifen, Luftpumpe und Kompressor, gefüllte Reservekanister, Sandschaufeln, Sandbleche, Wagenheber, Feuerlöscher, Abschleppseil, Reparatur-Set.
Die Fahrer stehen mit Rat und Tat zur Seite und haben natürlich bereits im Vorfeld alle technischen Details wie Reifendruck, Motor, Bremsen, Zahnriemen und so weiter geprüft.
Dann ist es endlich so weit. Die Truppe macht sich auf den Weg. Janette kann sich noch genau daran erinnern, welche überwältigenden Eindrücke die Wüste bei der ersten Begegnung auf sie gemacht hat. Auch heute noch ist sie jedes Mal sprachlos.
Immer fällt ihr am Wüstenrand ein Gedicht über die Dankbarkeit ein:

Sei dankbar

... dass du nicht alles hast,
was du dir wünschst,
sonst gäbe es nichts mehr,
worauf du dich freuen könntest.
... dass du nicht alles weißt,
das gibt dir die Chance zu lernen.
... für deine Fehler,
sie sind wertvolle Lehrmeister.
... für alle Herausforderungen,
sie stärken deinen Charakter.

Janette ist gespannt auf die Erlebnisse, die die Wüste auch dieses Mal wieder für alle bereithält.

„Das verschlägt einem glatt die Sprache!"
David ist begeistert von den Bildern, die er zu sehen bekommt. Benno und Norbert sind ganz ruhig und schauen nach draußen. Der Wagen hält immer wieder an. Der Fahrer steigt aus und schaut über die Dünen, um den besten Fahrweg zu erkennen.
„Was ist denn jetzt?", fragt Norbert in die Runde, als der Fahrer wieder aussteigt und anstatt wie sonst nach vorne zu laufen, um zu spähen, nach hinten sieht. „Ach herrje, unsere Grazien Susanne und Katrin und Brummelkopf Werner sind mit dem Wagen im Sand stecken geblieben!"
Schnell versammeln sich alle um den Wagen. Der steckt genau zwischen zwei hohen Dünen fest. Die Vorder- und Hinterräder stecken im Dünensand und der Wagen hängt eigentlich in der Luft.
„Meine Güte, wie konnte denn das passieren?", fragt David.
„Wir sind im Sand gerutscht, als wir für die andere Düne dort", Katrin zeigt mit dem Finger in die andere Richtung, „Anlauf holen wollten. Der Wagen ist seitlich von der Düne gerutscht und leider genau hier zwischen diesen beiden gelandet!"
Alle helfen, wie Janette wohlwollend wahrnimmt. So kann sie die einzelnen Charaktere und den Teamgeist schon genau beobachten. Werner packt sofort mit an. Benno bekommt Angst. „Wohl davor, Fehler zu machen", denkt sie.
Trotz aller Bemühungen ... der Wagen bleibt vorerst stecken.

Festgefahren im Sand der Wüste

„Wie konnte es nur dazu kommen? Ich denke, der Fahrer ist so erfahren!", sagt Norbert etwas ungehalten. „Ich will was von der Wüste sehen und jetzt nicht hier im Sand buddeln!"
Janette sagt nichts. Sie will den ersten Lernprozess einleiten und entfernt sich von der Gruppe. Sie geht auf eine Düne, setzt sich in Meditationshaltung und führt ihre Meditation durch. Sie ist sich sehr wohl darüber bewusst, dass sie die Gruppe jetzt reizt und wartet gespannt ab.
„Das kann sie doch nicht machen!", sagt Norbert wütend. „Wir sitzen hier in dem beschissenen Sand fest und die Gute hat nichts Besseres zu tun, als ihre Meditation, oder was auch immer sie da tut, zu machen ... Was ist denn das für eine Betreuung?"
Zustimmung in der Truppe durch leises „Ja genau" und Nicken.
Die Fahrer folgen den vorher mit der Leiterin abgesprochenen Instruktionen, legen sich im Schatten des Wagens auf den Sand und schließen die Augen zu einem Nickerchen. Nun sind alle völlig ratlos. Die gereizte Stimmung steigt. Katrin, die diplomatischste unter allen, versucht, Norbert etwas zu beruhigen. „Norbert, sich jetzt so aufzuregen bringt doch nichts. Reden wir mit ihr!"
„Pff ..., reden. Was ist denn das für ein Seminar? Das gibt es doch gar nicht!"
„Also, so ganz verstehe ich dieses Verhalten auch nicht!", sagt Herbert. Werner poltert gleich los. „Wusste ich doch, dass das nichts werden kann!" Olga beobachtet das ganze Geschehen nur.

Seit anderthalb Stunden ist die Truppe nun schon nicht weitergekommen. Nun sieht Janette aus den Augenwinkeln, wie Norbert auf sie zukommt.
„Frau Ben Salem ... äh, ich meine Janette, so geht das nicht. Die ganze Truppe steht da unten mit dem Auto, die Fahrer schlafen und wir alle wollen weiter. Das kann doch nicht sein, dass Sie uns einfach so mit dem Auto stehen lassen!"
Norbert atmet durch. Janette öffnet langsam die Augen und schaut Norbert an. Schlagartig wird ihm klar, dass Janette nur auf diesen Moment gewartet hat.
„Na toll, bin ich doch tatsächlich auf einen dieser komischen Seminartricks hereingefallen!", ärgert er sich insgeheim.
„Ja, Norbert?" Sie steht auf. „Was möchtest du?"
„Dass Sie – ich meine du – dich jetzt um das Problem da unten kümmerst, damit es endlich weitergeht!"
Janette lächelt. „Gerne!"
Bei der Truppe angekommen, sagt Janette: „Setzt euch in den Schatten der Autos!"
Alle Teilnehmer setzen sich in den warmen, weichen Sand. Die einzigartige Stille der Wüste legt sich über sie.
„Ich sagte euch, das Leben ist einfach. Genau so meine ich es auch. Ein weiser Mann hat einmal zu mir gesagt: ‚Erfolgreiche Menschen sind Problemlöser!' Was bedeutet Erfolg? Meine ich damit Geld, Status, Macht? Nein! Mit erfolgreich meine ich GLÜCKLICH! Eine Reinigungskraft, die mit ihrem Leben zufrieden ist, ist in meinen Augen erfolgreicher als ein Manager, der nur noch Termindruck, Hektik und Stress spürt. Erfolgreich heißt: Zufrieden mit dem Leben. Betrachtet die Wüste! Was seht ihr auf den ersten Blick? Das große Nichts! Warum sind so viele Menschen von der Wüste fasziniert?

Weil sie ihnen zeigt, dass es nicht viel im Leben braucht, um zufrieden zu sein, um Ruhe zu finden. Die Stille der Wüste ist die anzustrebende Ruhe im Inneren. Wenn ihr in euch ruhig seid, schafft ihr es, den Lärm der Welt gelassen zu ertragen. Es muss nicht sein, dass Partnerschaften zerbrechen, weil wir keine Zeit mehr haben. Es muss auch nicht sein, dass wir uns den Tag und die Stimmung vermiesen lassen, nur weil ein Wagen, zugegebenermaßen wirklich sehr unglücklich, festsitzt. Wir hetzen einfach nur noch den Dingen hinterher, ohne uns zu fragen, ob diese Dinge uns wirklich glücklich machen. Probleme – oder wie viele große Motivationstrainer lieber sagen ‚Herausforderungen' – gehören zum Leben dazu. Wo Licht ist, da ist immer auch Schatten. Und wenn ihr in euer Leben schaut, dann werdet ihr rückblickend erkennen, dass besonders DIE Lebenssituationen uns nach vorne gebracht haben, die schwer zu ertragen waren. Schwerwiegende Entscheidungen fallen selten in leichten Zeiten und tiefe Veränderungen entstehen nun einmal nicht durch leichte, oberflächliche Erfahrungen. Bedeutende Entwicklungen werden kaum durch unbedeutende Begegnungen angeregt und persönliche Hilfe erfahren wir so gut wie nie in unpersönlichen Beziehungen. Verständnis für die Schwachheit anderer erwächst nicht aus der eigenen Stärke, sondern besonders aus unseren schwachen Momenten. Und wie man andere Menschen tröstet, wissen wir erst, wenn wir selber einmal getröstet worden sind. Warum also sehnen wir uns ausschließlich nach einem leichten und unbeschwerten Leben, wenn das, was uns so wertvoll macht, in einem verletzlichen und tiefgründigen, in einem lebendig gelebten Leben liegt?

Probleme und Konflikte sind die besten Geburtshelfer, um in seiner Persönlichkeit zu wachsen. Suchen wir das tiefgründige Leben - weg von der Oberflächlichkeit. Akzeptiert, dass nur ihr euer Leben beeinflussen könnt. Denkt an den dummen Hund und akzeptiert, dass euch das Leben immer wieder vor Herausforderungen stellt. Genau das ist das Leben. Genau das ist das, was wir gerade hier erleben. Anstatt uns um eine Lösung zu kümmern, schimpfen wir über den ungeschickten Fahrer, die blöde Düne oder auf was sonst noch alles. Ein schlauer Mensch sagte einmal: ‚Wenn Gott uns ein Geschenk macht, dann verpackt er es in ein Problem!' Lernen wir doch einfach, die Geschenke schneller auszupacken, sprich: Probleme zu lösen.
Lernt einfach, diese zu bewältigen. Wie das geht, fragt ihr euch? Ich zeige es euch. Ihr müsst lediglich weg kommen vom Problemdenken hin zum Lösungsdenken!

Bewältigt Probleme in drei Schritten, die ich Problemlösungsstrategie nenne:

1. Problemanalyse
2. Kreative Lösungen finden
3. Handeln

PROBLEMANALYSE

Wenn ihr vor einem Problem steht, gewöhnt euch an, das Problem sachlich zu betrachten. Das ist nicht immer ganz einfach, da uns Probleme oft überwältigen und wir mittendrin sitzen. Denkt nur daran, wie gut wir Ratschläge an Freunde verteilen können und wie klar uns dann die Lösung des Problems vor Augen liegt. Manchmal verstehen wir nicht einmal, warum der andere sein Problem nicht einfach löst. Genau darin liegt die Kunst. Sich von seinem eigenen Problem zu distanzieren und es von außen zu betrachten. Wenn einem von euch das schwer fällt, schreibt euer Problem auf. Verwendet dabei nicht die Formulierung ‚Ich', sondern seid immer distanziert, indem ihr entweder euren eigenen Namen einsetzt, als würdet ihr von einer dritten Person sprechen, oder ihr verwendet einen Platzhalter und die betroffene Person heißt ‚XY'.

Wenn ihr euch sachlich mit dem Problem auseinandersetzt, dann verwendet immer die Frage: ‚Was genau ist eigentlich das Problem?' Bereits hier entstehen in der Problemlösung die ersten Fehler. Stellt euch einmal vor, ihr habt Ärger mit eurem Chef. Er hat wieder einmal einen Verbesserungsvorschlag mit einer abfälligen Bemerkung abgetan. Was genau ist jetzt das Problem? Die meisten Menschen würden jetzt wohl antworten ‚Dieser blöde Chef!' oder sich wahnsinnig über ihn ärgern und im schlimmsten Fall würdet ihr mit euch selbst schlecht kommunizieren: ‚War doch klar, dass du das nicht schaffst. Du bist einfach nicht gut genug!' Aber nach welcher Variante ihr auch reagiert – keine bringt euch eine Lösung. Über euren Chef könnt ihr noch so viel schimpfen. Deswegen ändern wird er sich wahrscheinlich nicht.

Denkt daran:
Nichts ändert sich – außer wir ändern uns!

Analysiert das Problem also immer dahingehend, dass ihr euch fragt: ‚Was genau ist das Problem *für mich*?' In unserem Beispiel: Vielleicht hat euch geärgert, dass ihr euch nach einem solchen Gespräch immer klein und dumm fühlt! Daran können wir arbeiten! Ihr ändert euch, indem ihr Seminare besucht, euer Fachwissen verbessert, euer Selbstbewusstsein stärkt, um andere Meinungen und Verbesserungen bittet ... und ihr spürt, kümmert ihr euch darum, was genau das Problem für euch selbst ist. Dann habt ihr viele Lösungsansätze.
Bleiben wir jedoch noch bei der Analyse. Wir werden nie alle Probleme sofort lösen können. Immer dann, wenn mehrere Menschen im Spiel sind, hört unsere Freiheit der Veränderung dort auf, wo die Freiheit des anderen beginnt. Wenn ihr spürt, dass zum Beispiel die ständige Kritik des Chefs euch trotz aller Lösungsmaßnahmen an euch selbst immens ärgert, gibt es oft nur die Möglichkeit, es hinzunehmen und abprallen zu lassen oder sich einen anderen Chef zu suchen.
Sicherlich kennt ihr folgendes Zitat:

‚Gott gebe mir die Kraft, Dinge zu ändern,
die ich ändern kann.
Die Gelassenheit, Dinge hinzunehmen,
die ich nicht ändern kann.

Und die Weisheit,
zwischen diesen beiden zu unterscheiden.'

Analysiert euer Problem sachlich und immer mit dem Blick auf euch selbst und ihr werdet schnell unterscheiden können.

KREATIVE LÖSUNGEN FINDEN

Nach der Analyse geht es um Lösungen. Die wichtigste Frage in unserem ganzen Leben ist: ‚Wie kann ich das Problem lösen?'

So banal, denkt ihr jetzt vielleicht? Ja! So einfach und doch so herausfordernd. Wenn wir Menschen in einem Problem stecken, fragen wir uns leider nicht nach dem ‚Wie' der Lösung, sondern nach dem ‚Warum' des Problems! Oder noch schlimmer, wir wollen wissen, wer ‚Schuld' hat. Wir erfinden Ausreden, um nicht eigenverantwortlich leben zu müssen. Das ‚Warum' wir ein Problem haben, ist interessant, aber nicht wirklich hilfreich.

Auch in der Psychotherapie fragen manche Therapeuten nur nach dem ‚Warum'. Wenn ihr dann wisst, dass ihr in der Kindheit dies oder das erlebt habt, das euch zu demjenigen hat werden lassen, der ihr heute seid, ist das spannend. Doch hilft es euch, in Zukunft anders zu handeln? Nein!

Wenn wir wissen, warum die Wüste so harte Lebensbedingungen hat, am Tag so heiß und in der Nacht so kalt und so verflixt trocken ist, wissen wir noch lange nicht, wie wir in ihr leben können. In dem Augenblick, in welchem wir es schaffen, uns bei einem Problem immer am ‚Wie' der Lösung zu orientieren, sind wir erfolgreich.

Erfolgreiche Menschen sind Problemlöser!

HANDELN

Die größte Herausforderung bei der Problemlösungsstrategie liegt in der Umsetzung!

Stellt euch folgende Fragen:

a. Was genau wäre eine gute Lösung für mich? Sind die Konsequenzen dieser Lösung für mich erkenn- und tragbar?
b. Was ist mein erster Schritt in Richtung Lösung?
c. Kann ich diese Lösung allein erreichen oder benötige ich Unterstützung? Wer kann mir helfen?
d. Woran erkenne ich, dass ich auf dem Weg zur Lösung bin?

Erfolg buchstabiert man: H-A-N-D-E-L-N

Zu guter Letzt denkt immer daran: Alles, was uns im Leben passiert ist, hat uns zu dem gemacht, der wir heute sind. Das Leben ist wie ein Spiel. Wir müssen die Spielregeln lernen, manchmal sind wir Menschen zu Anfang noch unsicher in der Anwendung. Wie in jedem Spiel können wir gewinnen und manchmal gewinnen die anderen ... ABER: Wir können immer wieder mitspielen!

Tagtäglich können wir unser Leben neu beginnen. Dazu habe ich für euch folgendes schöne Gedicht.

Heute ist ein neuer Tag

Wie viele Niederlagen du auch erlitten hast,
... heute ist ein neuer Tag.
Wie viele deiner Träume auch zerplatzt sind,
... heute ist ein neuer Tag.
Wie viele „Neins" du auch gehört hast,
... heute ist ein neuer Tag.
Wie viele Ablehnungen du auch erfahren hast,
... heute ist ein neuer Tag.
Heute ist ein neuer Tag,
der dir die Chance gibt,
deine Niederlagen in Siege zu verwandeln,
deine Träume Wirklichkeit werden zu lassen,
ein „Nein" in ein „Ja" zu verwandeln,
deine Verletzungen und Wunden
der Vergangenheit heilen zu lassen!

Die Gruppe schaut nachdenklich.
„Tja, da sind wir wohl voll in die akute Jammeritis gefallen!", sagt David und alle lächeln etwas.
„Na, dann will ich – so als Anführer der Nörgler – mal 'ne kreative Lösung suchen. Was meint ihr? Wie ...", Norbert zwinkert Janette mit einer intensiven Betonung auf dem Wort ‚Wie' zu, „können wir den Karren aus dem Sand ziehen?"

Am Abend sitzen alle etwas müde vom Tag und von den Eindrücken des Tages in der Oase Ksar Ghilene.

Nachdem sie den Wagen mit vereinten Kräften aus dem Sand befreien konnten, genoss die Gruppe noch eine unbeschwerte Fahrt durch die Wüste. Gegen 17.00 Uhr erreichten sie die Oase, bezogen die Zelte und Janette zeigte allen das Seminarzelt.

Gut gespeist, etwas vom Sand befreit und mit warmen Pullovern gegen die Nachtkälte der Wüste, versammeln sie sich um das von Bechir entfachte Lagerfeuer.

„Wie habt ihr den ersten Tag in der Wüste erlebt?"

Janette blickt in die, vom Licht des Feuers bestrahlten, Gesichter.

„Es war für mich unglaublich!" Susanne schaut auf das Feuer und ist in sich gekehrt. „Ich genieße diese Stille hier. Irgendwie scheint hier alles seinen Platz zu haben." Die ganze Gruppe hört gebannt zu. „Ich fühle mich oft so ...", sie sucht nach den passenden Worten, „so deplatziert. Betrachte ich die Tuareg, wie sie ihre Pferde pflegen, das Wasser schleppen, unter einfachsten Bedingungen leben ... Ich staune einfach. Mein Leben ist eigentlich ganz gut. Ich habe einen Mann, wir lieben uns, wollen nächstes Jahr heiraten, mein Job ist mir sicher, ich verdiene gutes Geld – auch wenn es nicht gerade mein Traumjob ist – und dennoch fühle ich oft eine Leere in mir. Heute, hier in der Wüste, hatte ich ein tolles Erlebnis. Nachdem wir die Zelte bezogen hatten, bin ich etwas am Oasenrand langgelaufen. Während ich die Ruhe genoss, flogen plötzlich zwei Falken von der Oase in die Wüste. Wie ich so dastand, in den Sonnenuntergang schaute, spürte ich auf einmal eine Ruhe und einen Frieden in mir, wie ich sie noch niemals gespürt habe. Es war, als ob die

Welt stehen geblieben wäre und ich fühlte mich eins mit ihr."

Susanne blickt hoch – scheinbar selbst erschrocken, so viel von sich preisgegeben zu haben. „Oh, du meine Güte ... Was erzähle ich da für romantisches Geschwätz!", sagt sie mit einem verlegenen Lächeln.

„Rede weiter!" Janettes Ton lässt keinen Widerstand zu.

„Na ja ..." Zögerlich blickt Susanne in die Runde und spürt, dass alle gespannt zuhören. „Wieso fühle ich mich auf einmal so ruhig? Ich sitze doch nur im Wüstensand. Sonst genieße ich teure Hotels und schnelles Autofahren und und und ... Doch nie habe ich mich so tief berührt und entspannt gefühlt wie in dem Augenblick, als ich spazieren ging."

Janette lächelt. Nur zu gut kennt sie dieses Gefühl. Ging es ihr doch unlängst auch so.

„Ich erzähle euch eine Geschichte."

Der Sand

Ein Philosophieprofessor stand vor seinen Studenten und hatte ein paar Dinge vor sich liegen.

Als der Unterricht begann, nahm er ein großes, leeres Mayonnaiseglas und füllte es bis zum Rand mit großen Steinen. Anschließend fragte er seine Studenten, ob das Glas voll sei. Sie bejahten die Frage.

Der Professor nahm eine Schachtel mit Kieselsteinen und schüttete sie in das Glas und schüttelte es leicht. Die Kieselsteine rollten natürlich in die Zwischenräume der größeren Steine.

Dann fragte er seine Studenten erneut, ob das Glas jetzt voll sei? Sie bejahten wieder und lachten.
Der Professor seinerseits nahm eine Schachtel mit Sand und schüttete ihn in das Glas. Natürlich füllte der Sand die letzten Zwischenräume im Glas aus.
„Nun", sagte der Professor zu seinen Studenten, „ich möchte, dass Sie erkennen, dass dieses Glas wie Ihr Leben ist!"

Die Steine sind die wichtigen Dinge im Leben. Ihre Familie, Ihr Partner, Ihre Gesundheit, Ihre Kinder, es sind Dinge, die – wenn alles andere wegfiele und nur Sie übrig blieben – Ihr Leben immer noch erfüllen würden.
Die Kieselsteine sind andere, weniger wichtige Dinge wie z. B. Ihre Arbeit, Ihre Wohnung, Ihr Haus oder Ihr Auto.
Der Sand symbolisiert die ganz kleinen Dinge im Leben. Wenn Sie den Sand zuerst in das Glas füllen würden, bliebe kein Raum für die Kieselsteine oder die großen Steine.

So ist es auch in Ihrem Leben; wenn Sie all Ihre Energie für die kleinen Dinge in Ihrem Leben aufwenden, haben Sie für die großen keine mehr.
Achten Sie auf die wichtigen Dinge, nehmen Sie sich Zeit für Ihre Kinder oder Ihren Partner, achten Sie auf Ihre Gesundheit.

Es wird noch genug Zeit für Arbeit, Haushalt, Partys usw. bleiben. Achten Sie zuerst auf die großen Steine!
Sie sind es, die wirklich zählen!
Der Rest ist nur Sand."

„Auch in meinem Leben gab es Abschnitte, in welchen ich dem Sand und den kleinen Kieselsteinen hinterhergelaufen bin. Alles andere war wichtiger als die großen Steine – vielleicht hatte ich sie auch einfach vergessen? Doch mich haben die Ruhe und die Anmut der Wüste verändert. Zu spüren, dass Glücklichsein mit DA-Sein zu tun hat und nicht mit HABEN.

Um das herauszufinden, machen wir jetzt eine Übung. Ich habe Papier und Stifte mitgebracht.

1. Schritt:
Findet zu jedem einzelnen Bereich eure Werte.
Fragt euch: Was ist mir wichtig in Bezug auf Karriere / Beruf / Beziehung / Partner? Findet für jeden Bereich mindestens sechs Werte.

2. Schritt
Nehmt jetzt jeden Bereich für sich und bringt die Werte in die Reihenfolge ihrer Wichtigkeit.
Fragt euch bei allen aufgeführten Werten: Was ist mir wichtiger, dieser oder jener Wert?
Beispiel: Jemand von euch hat die Werte Glaubwürdigkeit, Disziplin, Geborgenheit, Spaß, Wachheit und Gelassenheit im Bereich Karriere / Beruf gefunden. Jetzt fragt euch, am besten mit einer zweiten Person zusammen, Wert für Wert ab: Was ist mir wichtiger, Glaubwürdigkeit oder Disziplin, Glaubwürdigkeit oder Geborgenheit, Glaubwürdigkeit oder Spaß, usw.

Macht jedes Mal einen Strich hinter dem Wert, der euch wichtiger erscheint.
Es kann vorkommen, dass ihr euch nicht festlegen könnt, weil beide Werte gleich wichtig sind. Ihr müsst – oder besser dürft – euch dennoch für einen entscheiden. Wer es noch intensiver herausfinden möchte, sollte die Fragen so stellen: Was ist mir wichtiger im Beruf: Glaubwürdigkeit ohne Disziplin oder Disziplin ohne Glaubwürdigkeit, Glaubwürdigkeit ohne Geborgenheit oder Geborgenheit ohne Glaubwürdigkeit, usw. Probiert es aus, ihr werdet den Unterschied fühlen.
Die Ermittlung eurer Werte kann einige Zeit in Anspruch nehmen. Lasst euch nicht stören, sucht euch einen ruhigen Ort und beginnt.

Was ist mir wichtig in Bezug auf:

Beruf und Karriere

Begriff	Striche	Anzahl	Rang

Partnerschaft

Begriff	Striche	Anzahl	Rang

Gesundheit

Begriff	Striche	Anzahl	Rang

Persönliches Wachstum

Persönliches Wachstum meint z. B. Fortbildungen, die ihr immer schon einmal machen wolltet, Kultur oder Sprachen, die euch schon immer interessiert haben, oder aber auch ‚gelassener werden', sich von der Meinung anderer frei machen etc., eben alles, was für euch ein persönliches Wachstum wäre.

Begriff	Striche	Anzahl	Rang

3. Schritt

Schreibt eure Werte in der entsprechenden Reihenfolge auf!

Karriere / Beruf
1.
2.
3.
4.
5.
6.
7.

Partnerschaft
1.
2.
3.
4.
5.
6.
7.

Gesundheit
1.
2.
3.
4.
5.
6.
7.

Persönliches Wachstum
1.
2.
3.
4.
5.
6.
7.

4. Schritt

Die Werte zu wissen, reicht allerdings noch nicht aus. Was tut ihr in Zukunft dafür, dass ihr euch euren Werten, die ihr am höchsten schätzt, verschreibt und deren Inhalt auch lebt?

Eure Ziele sind ohne passende Werte so gut wie nicht zu erreichen. Ebenso können erreichte Ziele ohne passende Werte vielleicht sogar die falschen sein.

Dazu folgende wahre Geschichte:

Im Juli 1939 erhebt sich eine einmotorige ‚Curtis Robin' in den Himmel über New York. Am Steuerknüppel des Flugzeugs, das den Spitznamen ‚Lizzy' trägt, sitzt der amerikanische Flieger Douglas Corrican. ‚Lizzy' ist zehn Jahre alt. An Bord befinden sich weder Funkgerät noch Sicherheitsausrüstung. Für den geplanten 27-stündigen Flug nach Los Angeles hat Corrican einen Zusatztank eingebaut, der ihm den Blick nach vorne verdeckt; er muss also aus den Seitenfenstern schauen, um zu erkennen, wohin er fliegt. Nach knapp 24 Stunden landet Corrican in der irischen Hauptstadt Dublin. Irgendwie hat er die Orientierung verloren und war irrtümlich nach Osten über den Atlantik geflogen! Einem Flughafenbediensteten erklärt er aufgeregt: „I flew wrong way." Wenig später erhielt er den Spitznamen ‚Wrong-Way-Corrican', unter dem er in die Fliegergeschichte einging.

Erkennt und lebt eure Werte, dann seid ihr immer auf dem richtigen Kurs."

Nach der Übung kommen alle wieder am Lagerfeuer zusammen.

„Und, Susanne, konntest du Antworten auf deine Fragen finden?"

„Mein oberster Wert ist Kreativität. Mein Job aber verlangt Zahlen, Statistiken, Rationalisierungen usw. Das passt gar nicht zu mir. Ich habe mir fest vorgenommen, mit meinem Chef über eine Veränderung meines Arbeitsplatzes oder ein anderes Einsatzgebiet, zumindest langfristig gesehen, zu sprechen. Auch ist mir der Stellenwert meiner Partnerschaft wieder bewusst geworden. Denn anstatt Zeit mit meinem Partner zu verbringen, hetze ich einer Fortbildung nach der anderen hinterher. Bevor ich mich das nächste Mal wieder zu einer Fortbildung anmelde, schaue ich ganz genau, welchen Nutzen sie mir bringt, und wenn ich dann meine, ich möchte sie unbedingt besuchen, dann wähle ich eine schöne Stadt, wie z. B. Hamburg, und werde mit meinem Partner abends schön in Schmidts-Tivoli-Theater gehen, sodass wir wenigstens den Abend gemeinsam haben."

„Wie fühlst du dich jetzt nach dieser Erkenntnis?"

Janette schaut sie durchdringend an.

„Viel besser!"

Annäherungen in der Oase

TAG 2 – KARIN ERLAUBT SICH GEFÜHLE, OLGA LERNT SICH ZU LIEBEN & BENNO FINDET MUT

Um 5.00 Uhr trifft sich die Gruppe nach ihrer ersten Nacht in der Wüste.

„Guten Morgen", ruft Janette in die verschlafenden Gesichter. Müdes Brummeln ist die Antwort.

„Kommt mit! Ich zeige euch etwas Außergewöhnliches!" Kaum hat sie es gesagt, ist sie auch schon auf dem Weg. Sie gehen zu einem alten Gemäuer mit einem Turm. Es ist ein beschwerlicher Weg den Turm hinauf und schon bald ist erstes Schnaufen zu hören. Alle sind stumm. Vielleicht noch müde von der kurzen Nacht, nachdenklich oder gespannt.

Der Turm ist alt, die Treppe steil, die Stufen unregelmäßig und das Geländer teilweise weggebrochen. Oben angekommen, werden alle mit einem unglaublichen Ausblick belohnt. Überwältigt schauen alle zum Horizont und sehen, wie die Sonne aufgeht.

„Ein neuer Tag steht uns bevor. Wir wissen nicht, was er uns bringt. Wie lassen wir ihn auf uns zukommen? Freuen wir uns darauf oder haben wir Angst?"

Janette schaut Olga direkt an. „Sehen wir das Schöne oder achten wir auf das, was schlecht läuft?"

Jetzt nimmt ihr Blick zum ersten Mal Werner in den Fokus. „Konzentrieren wir uns auf die anderen oder auf uns selbst?"

Und David weiß instinktiv, dass er jetzt angesprochen wird. „Vielleicht rationalisieren wir alles Erlebte auch einfach, zeigen uns nach außen ganz stark oder trauen uns gar nicht erst an neue Aufgaben heran, aus Angst zu versagen, oder

wir finden in unserem Leben einfach nicht das Gleichgewicht zwischen Arbeit und Familie."
Janette spricht jeden auf eine ganz eigene Art und Weise an. „Bevor wir die Kraft haben, uns zu verändern, finden wir uns erst einmal. Meditieren wir!
Legt eure Hände auf den Bauch, atmet in die Hände. Spürt, wie eure Bauchdecke sich hebt und senkt. Schaut in den Sonnenaufgang, der symbolisch für allen Neuanfang steht. Janette spricht ruhig und jeden einzelnen direkt an.

„Spürt eure Füße auf dem Boden ...
Spüre, wie der Wind dein Gesicht streichelt ...
Und jetzt darfst du die Augen schließen oder geöffnet halten – ganz so, wie es für dich gut und angenehm ist.
Atme in deinen Bauch.
Spüre, wir du mit jedem Atemzug Energie aufnimmst. Und wie du mit jedem Ausatmen etwas von dir abgibst.
So wie das Leben ist. Ein Geben und Nehmen.

Jetzt denke daran, wer du bist, wenn du hier stehst.
Erinnere dich an schöne Erlebnisse in deinem Leben ... und sei dankbar dafür.

Wenn dir jetzt negative Ereignisse in den Kopf kommen ... nimm dir Zeit, darüber zu trauern ... und dann sei auch dafür dankbar. Diese Ereignisse haben dich zu dem gemacht, der du heute bist.

Versöhne dich mit deinem eigenen Leben ... genauso, wie es gerade ist. Sei gut zu dir selbst. Liebe dich selbst so, wie du deinen Nächsten liebst. Sprich dir gute Worte zu ...

Versöhne dich mit deinem Leben und du spürst, wie Ruhe in dich kehrt. Lass sie sich ausbreiten. Im ganzen Körper.
Atme tief ..., genieße die Stille der Wüste ...".

Janette sieht, wie Katrin Tränen über das Gesicht laufen. Und sie weiß, dass es gut ist, wenn sich alles einmal löst.
Nachdem Janette alle mit ruhiger Stimme aus der Meditation zurückgeführt hat, fragt sie in die Runde, wie es den Einzelnen ergangen ist und schaut Katrin an.
„Ich ...", beginnt diese und fängt wieder an zu weinen. David will zu ihr laufen, um sie zu trösten, doch der Blick von Janette sagt ihm, dass er Katrin jetzt allein lassen soll.
Katrin versucht, ihre Tränen wegzuwischen und ihr Gesicht hinter den Händen zu verbergen. Janette geht auf sie zu und nimmt ihre Hände von ihrem Gesicht weg.
„Stellt euch im Kreis um sie herum! Legt alle eine Hand auf ihren Rücken oder ihre Schulter und gebt ihr die Erlaubnis zu weinen!"
„Es ist gut, alles einmal loszulassen!", beginnt Susanne.
Alle stimmen ein: „Weine ruhig!" „Alles ist gut."
„Lass alles raus ...!"
Katrin weint immer heftiger. Erst langsam ebbt es ab.
„Es ist wichtig, die Gefühle im Menschen zuzulassen. Vielen Menschen ist es peinlich, wenn sie vor anderen weinen. Genau das macht euch aber groß und lässt euch zu Persönlichkeiten heranreifen. Alle diese Gefühle gehören zu uns Men-

schen. Nicht nur Stärke und das, wie wir uns so gerne selbst darstellen. Das, was wir ausblenden, meldet sich sowieso ... meist, wenn wir allein sind. Das ist nicht gut, denn so nehmen wir uns die Möglichkeit zu wachsen.
Eine große Trainerin namens Virgina Satir hat einmal zu mir in einem Seminar gesagt: ‚Wenn du weinst, explodieren keine Häuser, stürzen keine Brücken ein und du verlierst keine Gliedmaßen – es wird nur dein Gesicht nass!'"
Janette reicht bei diesen Worten Katrin ein Taschentuch, die bereits wieder ein bisschen lächelt. „Was hat dich so traurig gemacht?"
„Ich bin einfach traurig über vieles, das mir widerfahren ist. Mein Mann hat mich jahrelang betrogen, mein Kind ist hyperaktiv und macht mich manchmal wahnsinnig, der tägliche Kampf mit den Finanzen – all das macht mich manchmal wütend und traurig zugleich. Ich denke dann – warum muss ausgerechnet ich es so schwer im Leben haben? Oft bin ich auch neidisch auf alle, die es leichter haben. Einen Mann haben, der viel Geld verdient. Ich war auch schon neidisch auf dich!" Beschämt schaut Katrin zu Janette.
Janette gibt Katrin einen Stift und ein Blatt Papier. „Schreibe jetzt alle Ereignisse in deinem Leben auf, die so wundervoll waren, dass du sie gerne noch einmal erleben würdest oder alles Geld dafür zahlen würdest, um sie zu behalten, wenn dir jemand diese nehmen wollte."
Katrin blickt fragend auf.
„Und höre nicht auf zu schreiben, bis du nicht mindestes ein halbes Dutzend Erlebnisse beisammen hast."
Katrin beginnt zu schreiben und gibt Janette die Liste, als sie fertig ist.

„Auf der ganzen Welt gibt es keine zweite solche Liste! Dir und jedem anderen von uns sind Momente geschenkt worden, die kein anderer Mensch auf dieser Erde je erlebt hat. Du, Katrin, hast jetzt die Wahl, den Rest deines Lebens andere darum zu beneiden, dass sie Dinge erleben, die dir versagt geblieben sind oder noch versagt bleiben, oder aber du besinnst dich auf deine eigenen schönen Lebensmomente."
Katrin bleibt stumm und denkt.
„Janette hat Recht! Ich habe so viel Schönes erlebt und lasse mich immer wieder von den Dingen, die ich scheinbar nicht habe, herunterziehen."
„Wir Menschen hetzen immer wieder Dingen hinterher, ohne vorher zu prüfen, ob sie uns auch wirklich glücklich machen. Denkt an unsere gestrige Übung. Macht euch den Preis bewusst! Ist es wichtig, immer schneller und hektischer zu leben? Müssen wir immer mehr arbeiten – um dann immer weniger Zeit zu haben?
Hier in der Oase könnt ihr oft fliegende Händler mit allerhand Souvenirs antreffen. Kauft euch ein kleines schönes Kästchen, bestickt oder mit silbernem Beschlag! Die Dinge, die uns im Leben am meisten bedeuten, passen oft in ein solches Kästchen. Fangt an, die schönen Momente des Lebens zu sammeln! Katrin, du kannst schon etwa hineinlegen: deine Liste der schönen Lebensmomente.
Eure Aufgabe bis zum wohlverdienten Frühstück: Notiert euch, was euch wirklich glücklich macht!"

Bechir hat in der Zwischenzeit ein herrlich duftendes Frühstück gezaubert. Alle sind nach dieser spannenden Übung hungrig.

Nach dem Essen liest jeder seine Liste vor:
Ein Spaziergang, barfuß laufen, eine Umarmung, gutes Essen, Schweigen, Diskutieren, Glücklichsein, Entspannung und innerer Frieden, Lachen, bis dir das Gesicht wehtut, echte Freunde, Liebe, gemütlich in der Badewanne liegen, auf einer Schaukel schaukeln, den Sonnenaufgang beobachten, sich verlieben, keine Schlangen im Supermarkt, zufällig mitbekommen, wie jemand etwas Nettes über dich sagt, aufwachen und feststellen, dass du noch drei Stunden schlafen kannst, das Meer, einen 20-Euro-Schein im Mantel vom letzten Winter finden, ein Anruf, der bis in die Nacht hinein dauert, auf einer Wiese liegen, Zeit haben, ein gutes Buch lesen, Kuchen backen, Augenkontakt mit einem netten Fremden halten, den Gesichtsausdruck beobachten von jemandem, der ein Geschenk öffnet, das er sich schon lange gewünscht hat, verlorene Freunde nach zehn Jahren auf dem Weihnachtsmarkt wiedertreffen, Sand unter deinen Füßen, ein Mensch, der dich vermisst, Gesundheit, wissen, dass du das Richtige getan hast – egal was die anderen sagen!

Janette holt noch einen verknitterten, abgegriffenen und offenbar schon viele Male gelesenen Zeitungsartikel aus ihrer Hosentasche hervor.
„Mein größter Wunsch war immer, einmal eine Harley-Davidson zu besitzen. Doch lange Zeit konnte ich sie mir nicht leisten. Sie war einfach zu teuer. In einer Zeitung fand ich diese Harley-Werbung, die mich bis heute täglich begleitet, weil sie mich an das Wesentliche im Leben erinnert.

Wenn ich mein Leben noch einmal leben könnte ...

Wenn ich mein Leben
noch einmal leben könnte,
würde ich versuchen, mehr Fehler zu machen.
Ich würde nicht so perfekt sein wollen,
mich mehr entspannen,
öfter bis zum Äußersten gehen.
Ich wäre ein bisschen verrückter.

Ich würde weniger Dinge so ernst nehmen.
Ich würde mehr reisen.
Sonnenuntergänge betrachten,
auf Berge steigen,
in Flüssen schwimmen.

Ich bin einer dieser klugen Menschen,
die jede Minute ihres Lebens
fruchtbar verbrachten,
vernünftig, immer auf Nummer sicher.
Ach, freilich hatte ich auch
meine Momente,
aber wenn ich noch einmal
anfangen könnte,
hätte ich davon mehr.
Einfach Augenblicke,
einer nach dem anderen,
anstatt jeden Tag
so viele Jahre im Voraus zu leben.

Wenn ich noch einmal leben könnte,
würde ich von Frühlingsbeginn an bis
in den Spätherbst hinein barfuß gehen.
Ich würde öfter die Schule schwänzen,
mehr Karussell fahren,
mehr mit Kindern spielen.

Denn wenn du dich andauernd
nur schindest,
vergisst du bald,
dass es so wunderschöne Dinge gibt,
wie zum Beispiel einen Bach,
der Geschichten erzählt,
und einen Vogel, der singt ...

(Nadine Stair im Alter von 85 Jahren)

Danach geht es ans Aufräumen, Abwaschen, Wagen checken. Treffen um 9.00 Uhr im Seminarzelt.
„Also, wenn wir hier ein Seminar aushalten sollen, dann aber gute Nacht!", poltert Werner los, noch bevor Janette etwas sagen kann. Sie ist sich sehr genau darüber im Klaren, dass sie den Teilnehmern viel abverlangt. Das Thermometer steigt schon jetzt auf 29°C an, kein Lüftchen regt sich, die sanitären Anlagen sind alles andere als komfortabel und dann schon zu Beginn des Tages die intensive Übung mit Katrin.
„Heute ist mir in der Dusche eine Ratte begegnet!", wettert auch Benno. Janette sagt nichts. Sie hört sich einfach nur an, was alle zum Besten geben.

Als die anderen merken, dass Janette gar nicht reagiert, sondern scheinbar auf Ruhe wartet, hören sie nach und nach auf, sich zu beschweren.
Janette kramt in ihrer Hosentasche. Alle schauen gespannt, was sie nun wohl wieder herausholen wird.
„Was ist das?" Sie hält einen kleinen silbernen Gegenstand in die Luft.
„Eine Zündkerze!", ruft Werner wie selbstverständlich.
„Ja! Eine Zündkerze. Wisst ihr, wie oft in der Minute eine Zündkerze zündet?"
Allgemeines Kopfschütteln.
„6000 Mal!"
Während Janette das sagt, schaut sie in die Runde und spricht nach einer kurzen Pause weiter.
„Diese Zündkerze habe ich mir am 1. Januar 1998 gekauft. Das war der Tag, an dem meine Firma offiziell eröffnet wurde. An diesem Tag habe ich mir geschworen, dass ich jeden Tag für meine Kunden wie diese Zündkerze bin. Ich will für sie zünden! Wie aber geht das?" Wieder erwartungsvolles Schweigen in der Runde. „Sicherlich kennt ihr die Aussage: Ich kann in einem anderen nur entzünden, was in mir selbst brennt! Wie aber brenne ich? Indem ich meine Beachtung des Lebens verändere. Leider lernen wir Menschen, immer das Negative zu beachten. Auch ihr seht nicht die Schönheit und Einzigartigkeit der Wüste und der Oase, sondern die kleinen Unpässlichkeiten. Ich mache euch daraus keinen Vorwurf. Wir Menschen lernen es nicht anders. Denkt nur an die Schule. Immer wird ‚rot' angestrichen, was wir falsch machen. Leider wird nie

‚grün' angestrichen, was wir gut machen. In der Psychologie gibt es einen wichtigen Leitsatz:

Beachtung bringt Verstärkung.

Wenn ich nur auf das Negative in meinem Leben achte – es wird sich verstärken. Kann ich dann zünden? Nein, weil gar nichts mehr brennt. Also lernt, euch umzulenken auf das Positive."
Sie schaut in die Runde. „Was hat dir heute gut gefallen, Benno?"
„Hmmm ... Die Meditation und das Frühstück!"
„Und dir, Susanne?"
„Auf jeden Fall auch die Meditation, deine Tipps, das Frühstück und die Stille."
„Merkt ihr es? Lenkt eure Betrachtung um. Chefs sollten ihre Mitarbeiter auch im Positiven sehen und nicht immer die Fehler suchen. Was seht ihr an eurem Partner? Das, was euch stört? Was seht ihr in eurem Leben? Das, was gut läuft? Das, was schlecht läuft?
Wir machen eine Übung.
Notiert bitte einmal, was ihr in eurem Leben schon an schwierigen Ereignissen geschafft habt! Was musstet ihr schon erleben? Trauer? Krankheit? Arbeitslosigkeit?
Notiert bitte alles Schwere, das ihr bereits überwunden habt!"
Alle beginnen zu schreiben.
Janette beobachtet, wie einige sofort losschreiben, andere erst überlegen. In Gedanken geht sie durch, was sie schon selbst alles überwinden musste. Die schweren Hindernisse

im Kindergarten und in der Schule wegen ihres Ausländerseins. Die Armut in der Jugend. Der Krebs des Vaters. Die finanziellen Schwierigkeiten ihrer Firma vor einigen Jahren. Die Trennung von ihrem langjährigen Partner vor vielen Jahren ... Ach, so viel, was ein Leben eben mit sich bringt.
Sie reißt sich aus den Gedanken, um sich wieder voll auf die Gruppe zu konzentrieren. Nach wenigen Minuten beendet sie die Aufgabe. „Was glaubt ihr, warum lasse ich euch eine solche Aufgabe machen?"
„Vielleicht um zu sehen, was wir alles schon geschafft haben?", antwortet Olga zaghaft.
„Genau! Ich erzähle euch eine Parabel:

Es gibt einen Baum, groß und mächtig steht er seit vielen Hunderten von Jahren an seinem Platz. Er überlebt alles, was ihm das Leben an Herausforderungen stellt. Er überlebt harte Winter, trockene Sommer, Hagel und Sturm, Liebespärchen, die in seine Baumrinde Herzen schnitzen ... – all das überlebt er. Eines Tages kommen die Borkenkäfer. Die Borkenkäfer, von denen ein einzelner um so unendlich vieles kleiner und schwächer ist als dieser große starke Baum. Die Borkenkäfer beginnen zu nagen und der Baum stirbt."

Janette nimmt die fragenden Blicke auf. „Was diese Geschichte mit euch zu tun hat, fragt ihr euch? Nun, der Baum, das seid ihr. Die Stürme, das ist das, was ihr euch bei meiner Frage eben auf dem Zettel notiert habt. Die Borkenkäfer, das sind die täglichen kleinen ‚Sörgchen', die an uns nagen wie

die Borkenkäfer am Baum. Stellt doch einmal ein unsauberes Bad ins Verhältnis zu dem, was ihr im Leben sonst schon alles geschafft habt. Merkt ihr, wie klein diese Dinge werden? Oder nehmt die täglichen Ärgernisse im Job und setzt sie ins Verhältnis zu den schwierigen Dingen, die ihr schon geschafft habt! Spürt ihr das? Es sind Kleinigkeiten ... nur Borkenkäfer.
Nutzt dieses Wissen über euch.

Wenn ihr in Zukunft in eine schwierige Situation geratet und ihr spürt Angst oder Unsicherheit, dann zählt euch die Dinge auf, die ihr schon überwunden habt.

Ihr werdet spüren, sofort bekommt ihr Kraft. Wisst ihr, ich habe euch schon erzählt, dass ich oft Angst habe. Also halte ich mir immer wieder vor Augen, was ich schon geschafft habe. Es ist wichtig, sich auf positive Gedanken umzulenken. Der Geist folgt der Materie, sagte bereits Albert Einstein. Das meint, dass, wenn ich glaube, dass ich es nicht schaffe, es auch tatsächlich nicht klappt. Man nennt das die ‚sich-selbst-erfüllende-Prophezeiung', die Jastrow 1990 so formulierte:

‚Die ständige Vorstellung eines möglichen Versagens im Erreichen des Zieles schwächt die Intensität der Anstrengung und verhindert die Realisierung der bestmöglichen Leistung.'

Erwartet ihr also Gutes, nehmt ihr sogar das weniger Gute als etwas Gutes wahr. Erwartet ihr Schlechtes, findet ihr an allem, was euch begegnet, etwas Schlechtes. Denn das, was ihr erwartet, erfahrt ihr auch. Fragt euch also, was ihr vom Leben erwartet!"

Janette stellt ihnen die nächste Aufgabe.

„Notiert bitte nun eure größten Lebenserfolge. Vom bestandenen Führerschein über die Geburt eures ersten Kindes bis hin zu einem echten Arbeitserfolg. Kurzum – alles, was ihr Positives erreicht habt."

Wieder beginnen alle zu schreiben. Nach einigen Minuten fragt Janette. „Wie geht es euch jetzt?"

„Irgendwie sehr gut. Ist ein tolles Gefühl, einmal zu sehen, welche Erfolge wir schon im Leben hatten!", ruft David. Alle stimmen zu! Nur Olga schaut fest auf ihren Zettel, die Haare tief ins Gesicht gezogen.

„Olga, wie fühlst du dich?"

„Schlecht", hört die Gruppe die zaghafte Stimme. Janette geht auf sie zu und sieht, dass auf ihrem Zettel nichts steht.

„Olga?", sagt sie vorsichtig und ahnt bereits, dass Olga den Tränen nahe ist. Leichtes Nicken ist die Antwort.

„Ich kann doch nichts!", sind die mit gepresster Stimme herausgedrungenen Worte. „Ich werde nie so erfolgreich sein wie alle anderen. Ich kann nichts und bin nichts und werde auch nie etwas haben!" Olga läuft eine Träne über das Gesicht, die sie schnell hinter ihren Haaren verbirgt, damit sie bloß keiner sieht.

Janette umarmt sie warmherzig und beginnt, eine Geschichte von Heinz Körner zu erzählen.

Licht am Ende des Ganges

Eines Tages hatte er beschlossen, die Gitterstäbe nie mehr loszulassen. Ihm war jedoch bewusst, dass die Entscheidung von Angst getrieben worden war: Angst vor dem Fallenlassen, Angst vor der Dunkelheit unter ihm, Angst vor dem Ungewissen. So klammerte er sich krampfhaft an die Stäbe des vergitterten Fensters.
Er wusste nicht einmal mehr, weshalb er hier war. Nur ab und zu leuchteten kleine Erinnerungsfetzen auf. Eine Zelle war da gewesen, eine Tür, dahinter ein dunkler Gang mit einem kleinen Licht am Ende. In sehr seltenen Augenblicken glaubte er, diesen Gang schon ein paar Mal betreten, das Licht gesucht zu haben. Und dann war da ein unsagbarer Schmerz, der sein Gedächtnis zu verriegeln schien.
Zwei Wächter waren am Ende des Ganges gewesen, ein Mann und eine Frau. Oft hatten sie ihn gehindert, den Gang zu verlassen und an die Sonne zu treten. Aber sie hatten ihn auch behütet und versorgt. Nie war deshalb sein Wunsch, sich den Weg in die Freiheit zu erkämpfen, so stark gewachsen, dass er es auch nur einmal ernsthaft versucht hätte. Aber diese Erinnerung war sehr tief in ihm versteckt, zeigte sich nur manchmal in hellen Nächten, wenn er träumte. Und diese Träume vergaß er immer schnell.
Irgendwann hatte er etwas entdeckt: Wenn er mit aller Kraft hochsprang zu dem Fenster in der Wand und die Gitterstäbe zu fassen bekam, dann konnte er sich an guten Tagen daran hochziehen. Manchmal gelang es ihm, seinen Kopf zwischen die Stäbe zu drängen und einen Blick auf die Sonne zu erha-

schen. Wie glücklich er gewesen war, als er das zum ersten Male schaffte!
Seitdem hatte er sich oft an die Stäbe gehängt, Kraft gesammelt und versucht, die Sonne zu sehen. Wenn er stark genug gewesen war, hatte er es geschafft. Und seitdem hatte er im Grunde nur für diese kurzen Augenblicke gelebt, in welchen er eine Ahnung fühlte von Sonne und Freiheit. Da es ihm an Essen und Trinken selten mangelte, ihm sonst nichts zu fehlen schien, hatte er sich inzwischen mit diesem Leben abgefunden.

Dann, eines Tages, hatte er gespürt, dass ihn die Kraft verließ. Seine guten Tage waren seltener geworden; er hatte sich gefürchtet, nie wieder einen Blick auf die Sonne werfen zu können. So hatte er sich also entschieden, beim nächsten Mal die Gitterstäbe nicht mehr loszulassen. Mit der Zeit hatte er vergessen, was vorher gewesen war, erinnerte sich kaum an die Zelle, den Gang und die Wächter.
Unbestimmte Ängste und Befürchtungen hatten sich in ihm eingenistet. Und ab irgendeinem Zeitpunkt konnte er sich, selbst wenn er gewollt hätte, nicht mehr fallen lassen. Zu groß war die Angst vor dem Aufschlag und vor der Dunkelheit – zu groß die Angst, mühsam vergessene Enttäuschungen wieder erleben zu müssen.
Nun hing er an den Stäben, festgeklammert, verkrampft und voller Furcht. An starken Tagen gelang es ihm immer noch, sich hochzuziehen und sein Gesicht zwischen die Stäbe zu pressen. Aber es wurde mit zunehmendem Alter seltener, erfüllte ihn aber dennoch mit Freude und Wehmut.

Irgendwann vergaß er die Wächter, die Zelle, den Gang und das Licht an dessen Ende endgültig. Für ihn gab es nur noch einen winzigen Lebensbereich: das Fenster, die Gitterstäbe und die immer selteneren Blicke auf die Sonne. So starb der Mann, wie er seine letzten Jahre verbracht hatte: Festgeklammert an dem, was er für wichtig und lebenswert gehalten hatte.

Als man ihn irgendwann einmal fand, verstand niemand, was da geschehen war. Die Wächter waren längst verschwunden, die Tür der Zelle war offen, der Weg in die Freiheit nicht leicht, aber durchaus zu bewältigen. Der Mann hätte nur loszulassen brauchen, sich nur fallen lassen. Vielleicht hätte er sich verletzt, vielleicht auch die Tür erst nach langem Umhertasten in der Dunkelheit gefunden. Auch der dunkle Weg durch den langen Gang hätte ihm sicherlich Abschürfungen beigebracht, ihn manchmal geängstigt. Aber er hätte jederzeit die Zelle und den Gang verlassen können; niemand hätte ihn gehindert.

„Hältst du auch die Gitterstäbe fest, Olga? Wer hat zu dir gesagt, dass du nichts bist und nichts kannst, Olga?", fragt Janette. „Diese Worte hast du irgendwann gelernt. Du musst das nicht über dich denken." Olga schluchzt.

„Es ist doch so, mein gebrochenes Deutsch, meine Schulbildung ist hier nichts wert. Wer oder was bin ich denn schon?"

„Du bist in allererster Linie ein Mensch und als solcher mit uns allen verbunden." Janette schaut in die Gruppe und gibt ihnen das Zeichen, dass wieder alle etwas sagen sollen – so wie bei der Übung mit Katrin.

Diesmal fällt es der Gruppe schwerer, da keiner Olga wirklich kennt. Sie zieht sich immer sehr zurück.
Susanne macht den Anfang. „Du hast doch den Job in unserer Firma bekommen und unser Chef schickt dich sogar mit auf dieses Seminar. Das ist doch ein großer Erfolg!"
Janette nickt Susanne anerkennend zu. Zur Überraschung aller meldet sich Werner. Er geht auf Olga zu und legt ihr die Hand auf die Schulter.
„Olga, manchmal bin ich sogar neidisch auf dich, weil du trotz deiner Scheidung zu deinen beiden Kindern noch ein so gutes Verhältnis hast. Mit mir will keiner mehr etwas zu tun haben."
Olga blickt ebenso verwundert wie auch dankbar zu Werner auf. Jeder findet etwas Freundliches für Olga, die sich immer mehr entspannt.
„Ihr seid so nett zu mir. Ich wusste gar nicht, wie gut das tut."
Janette entscheidet sich spontan für eine Übung, die der ganzen Gruppe gut tut.
„Bildet ein Spalier." Alle sortieren sich. Janette hält Olga bei sich und stellt sich mit ihr zusammen am Beginn des Spaliers auf. „Olga wird jetzt uns allen sagen, welche lobenden und anerkennenden Worte sie schon immer einmal hören wollte. Dabei wird sie durch das Spalier gehen und alle sagen es in eigenen Worten und legen ihr dabei die Hand auf die Schulter." Janette schaut Olga aufmunternd an.
„Ich wollte immer schon einmal hören, dass ich dazugehöre und kein Mensch zweiter Klasse bin."

Gerade will Olga loslaufen, als Janette sie bremst. „Formuliere lieber, was du willst! Wenn du kein Mensch zweiter Klasse bist, was bist du dann? Wer willst du sein?"
„Ich will dazugehören und gemocht werden, so wie ich bin!"
„Schon viel besser!"
Olga läuft los, und es ist herrlich mit anzusehen, wie alle Teilnehmer Energie, lobende Worte und viel Positives geben, die Schulter klopfen, drücken, streicheln und Olga immer mehr über das ganze Gesicht strahlt. Olga darf den Gang durch das Spalier mehrere Male laufen. Dann ist der Nächste an der Reihe. Jeder soll anerkennende Worte erleben. Für alle ist es eine warme „Dusche" und die Hitze der Wüste weicht der Wärme der Menschlichkeit.
Als alle glücklich wieder auf ihrem Platz sind, liest Janette eine Geschichte vor.

Eines Tages bat eine Lehrerin ihre Schüler, die Namen aller anderen Schüler in der Klasse auf ein Blatt Papier zu schreiben und ein wenig Platz neben den Namen zu lassen. Dann sagte sie zu den Schülern, sie sollten überlegen, was das Netteste ist, das sie über jeden ihrer Klassenkameraden sagen können und das sollten sie neben die Namen schreiben. Es dauerte die ganze Stunde, bis jeder fertig war, und bevor sie den Klassenraum verließen, gaben sie ihre Blätter der Lehrerin.
Am Wochenende schrieb die Lehrerin jeden Schülernamen auf ein Blatt Papier und daneben die Liste der netten Bemerkungen, die ihre Mitschüler über den einzelnen aufgeschrieben hatten. Am Montag gab sie jedem Schüler seine Liste.

Schon nach kurzer Zeit lächelten alle.
„Wirklich?", hörte man flüstern.
„Ich wusste gar nicht, dass ich irgendjemandem was bedeute!" und „Ich wusste nicht, dass mich andere so mögen", waren die Kommentare.
Niemand erwähnte danach die Listen wieder.
Die Lehrerin wusste nicht, ob die Schüler sie untereinander oder mit ihren Eltern diskutiert hatten, aber das machte nichts aus.
Die Übung hatte ihren Zweck erfüllt. Die Schüler waren glücklich mit sich und mit den anderen.
Einige Jahre später war einer der Schüler in Vietnam gefallen und die Lehrerin ging zum Begräbnis dieses Schülers. Sie hatte noch nie einen Soldaten in einem Sarg gesehen. Er sah so stolz aus, so erwachsen.
Die Kirche war überfüllt mit vielen Freunden. Einer nach dem anderen, der den jungen Mann geliebt hatte, ging am Sarg vorbei und erteilte ihm die letzte Ehre.
Die Lehrerin ging als Letzte und betete vor dem Sarg. Als sie dort stand, fragte einer der Soldaten, die den Sarg trugen: „Waren Sie Marks Mathe-Lehrerin?"
Sie nickte: "Ja."
Dann sagte er: „Mark hat sehr oft von Ihnen gesprochen."
Nach dem Begräbnis waren die meisten von Marks früheren Schulfreunden versammelt. Marks Eltern waren auch da und warteten offenbar sehnsüchtig darauf, mit der Lehrerin zu sprechen.
„Wir wollen Ihnen etwas zeigen", sagte der Vater und zog eine Geldbörse aus seiner Tasche.

„Das wurde gefunden, als Mark gefallen ist. Wir dachten, Sie würden es erkennen."

Aus der Geldbörse zog er ein stark abgenutztes Blatt, das offensichtlich zusammengeklebt, viele Male gefaltet und auseinandergefaltet worden war.

Die Lehrerin wusste ohne hinzusehen, dass dies eines der Blätter war, auf denen die netten Dinge standen, die seine Klassenkameraden über Mark geschrieben hatten.

„Wir möchten Ihnen so sehr dafür danken, dass Sie das gemacht haben", sagte Marks Mutter. „Wie Sie sehen können, hat Mark das sehr geschätzt."

Alle früheren Schüler versammelten sich um die Lehrerin. Charlie lächelte ein bisschen und sagte: „Ich habe meine Liste auch noch. Sie ist in der obersten Lade in meinem Schreibtisch."

Chucks Frau sagte: „Chuck bat mich, die Liste in unser Hochzeitsalbum zu kleben."

„Ich habe meine auch noch", sagte Marilyn. „Sie ist in meinem Tagebuch." Dann griff Vicki, eine andere Mitschülerin, in ihren Taschenkalender und zeigte ihre abgegriffene und ausgefranste Liste den anderen.

„Ich trage sie immer bei mir", sagte Vicki und meinte weiter, ohne mit der Wimper zu zucken, „ich glaube, wir haben alle die Listen aufbewahrt."

Die Lehrerin war so gerührt, dass sie sich setzen musste und weinte. Sie weinte um Mark und für alle seine Freunde, die ihn nie mehr sehen würden.

Im Zusammenleben mit unseren Mitmenschen vergessen wir oft, dass jedes Leben eines Tages endet. Und dass wir nicht wissen, wann dieser Tag sein wird. Deshalb sollte man den

Menschen, die man liebt und um die man sich sorgt, sagen, dass sie etwas Besonderes und Wichtiges sind, bevor es zu spät ist.

Alle sind gerührt und nachdenklich. Die Sonne steht schon im Zenit. Mittagszeit.
„Ruht euch noch etwas aus. Um 14.00 Uhr starten wir mit der Kamelkarawane in die Wüste."
Janette geht in ihr Zelt. Auch sie muss erst einmal alle Eindrücke verarbeiten und denkt an die Momente, in denen sie auch manchmal vergessen hat, Menschen, die ihr wichtig sind, zu sagen, wie viel sie ihr bedeuten. Sie denkt an ihren Mann Hanno, an ihre Eltern und ihre Geschwister.

Glücklich, verstaubt und sandig sitzen alle am Abend um das Lagerfeuer herum. Bechirs Essen verbreitet einen wohligen Duft und Janette blickt in die von der Sonne schon leicht gebräunten, lachenden Gesichter der Teilnehmer.
„Mein Kamel hat Benno immer ins Bein gekniffen!", kichert Susanne.
„Das war echt ein Knaller – obwohl ich mich anfangs ganz schon mulmig gefühlt habe", schmunzelt Norbert. Stimmengewirr erhellt den Abend. Alle sind von ihrem Ausritt mit der Karawane in der Wüste begeistert.
Nachdem sie mit dem Essen fertig sind, ruft Janette sie in das Seminarzelt.
„Zieht euch einen warmen Pullover über! Es wird langsam kalt."

Auf Kamelen durch die Wüste

„Wie fühlt ihr euch?"
„Gut!" „Super!" „Das ist alles so aufregend!" „Glücklich!"
Die Gruppe wirkt wirklich sehr entspannt. Nichts ist mehr von den zugeknöpften Menschen zu merken. Die Wüste hat sie geöffnet und ihre Augen von dem Staub des Alltags gereinigt für die Schönheit des Einfachen.
„Heute Morgen haben wir bei Olga erlebt, wie sehr uns unsere innere Stimme bremsen, ja sogar verletzen kann. Woher kommt ein solches mangelndes Selbstwertgefühl? Manchmal reden wir Menschen mit uns selbst so schlecht, wie wir es mit keinem anderen Menschen auf der Welt tun würden. Wieso? Wer hat euch gesagt, dass ihr so mit euch umgehen sollt? Niemand kommt mit einem mangelnden Selbstwertgefühl und einem inneren unzufriedenen Kritiker auf die Welt. Wenn wir ein schlechtes Selbstwertgefühl haben, dann deshalb, weil wir gelernt haben, von uns schlecht zu denken!
Dieser Beobachter ist der *Kritiker in uns.*
Wir alle haben einen Beobachter in uns, der unser Verhalten überwacht und darüber urteilt, wie gut oder schlecht wir abschneiden. Manche Menschen haben einen sehr strengen Kritiker und können nie etwas richtig machen. Andere wiederum haben früher viel ausprobiert, aber der Kritiker war nie zufrieden und so hören sie auf, Dinge anzugehen, um sich dem Schmerz der Kritik nicht mehr stellen zu müssen."
Janette schaut Benno an. Der scharrt mit den Füßen und blickt auf den Boden.
„Findet euch zu zweit zusammen und macht bitte diese Übung, die ich euch auf den Zetteln vorbereitet habe!"
Janette verteilt an jeden vorgedruckte Zettel.

1. Aufgabe: Was magst du nicht an dir? Wieso nicht? Und wann hast du zum ersten Mal in deinem Leben gemerkt, dass du es nicht magst?

2. Aufgabe: Notiere alle negativen Dinge, die du von deinen Eltern und von anderen über dich gelernt hast!

1.
2.
3.
4.
5.
6.
7.
8.
9.
10.

Alle beginnen zu schreiben. Als Janette merkt, dass die meisten fertig sind, sagt sie: „Hört eurem Kritiker zu! Damit ihr ihn entwaffnen könnt, müsst ihr zunächst einmal wissen, was er euch vorwirft.
Dann fragt ihn, was er Positives für euch erreichen will und ob es nicht doch vielleicht einen besseren Weg gibt als den, sich selbst immer negativ zu sehen.
Wisst ihr, mein Kritiker sagt immer zu mir, dass ich es sowieso niemals schaffen werde und dass ich immer nur das kleine, dumme Mädchen bleibe. Was glaubt ihr, was ist positiv daran? Was will der Kritiker damit erreichen?"
„Vielleicht will er, dass du dir erst gar keine zu großen Hoffnungen machst, um dann nicht sehr, sehr enttäuscht zu sein, wenn es nicht klappt!"
Janette schaut Benno an: „Kennst du das, Benno?"
„Mist!", denkt er, „wieso habe ich nicht den Mund gehalten. Es war doch klar, dass ich jetzt mein Fett wegkriege!"
„Na ja ...", sagt er dann und blickt dabei auf seine Schuhe. „Ich finde es eben besser, sich nicht so hohe Ziele zu setzen, um dann nicht so auf die Nase fallen zu können. Ich habe es bei meinem Vater gesehen. Der hat sein Leben lang nur gearbeitet, sich was erschaffen und ist dann ein halbes Jahr vor seiner Rente, kurz nach seinem sechzigsten Geburtstag gestorben."
„Das war sicherlich nicht leicht für dich!" Janette beobachtet Benno genau.
„Ach ..., so gut war unser Verhältnis eh nie. In der Schule habe ich auch eben nur das Nötigste getan. Mein Vater hielt mich immer für einen Blender."
„Und ... bist du einer?"

Bennos Augen blicken Janette zornig an. „Jetzt geht sie zu weit!", denkt er bei sich.
„Nein! Bin ich nicht! Ich werde einmal sehr viel Geld verdienen, um mir das leisten zu können, was ich haben will!"
„Was willst du denn haben, Benno?"
„Ein großes, schönes Haus, ein tolles Auto, ein Motorrad, Reisen und so weiter!"
Janette bemerkt, wie Bennos Stimmung zunehmend aggressiver wird. „Was glaubst du denn, musst du dafür tun, um das zu erreichen?"
Benno spricht mit harter Stimme. „Ich werde beruflich halt richtig Gas geben und mich weiterentwickeln." Fast trotzig schaut er in die Runde. „Ich habe sowieso mehr auf dem Kasten als die meisten hier!"
Janette provoziert noch mehr. „Das mag sein, Benno, aber die anderen setzen ihre Fähigkeiten wenigstens ein, während du nur darüber sprichst!"
„Das geht jetzt wirklich zu weit! Das muss ich mir von dir doch nicht bieten lassen! Wer bist du überhaupt!"
Janette lächelt Benno freundlich an. „Benno, es geht darum, dass du beginnst, dein Leben zu leben und nicht nur zu träumen!"
Stille.
„Wie oft hast du diesen Entschluss in deinem Leben denn schon getroffen? Wie oft hast du dir schon gesagt: Ab heute gebe ich Gas? Wie oft, Benno? Sicherlich schon viele Male. Warum fängst du nicht endlich an?"
Benno ist ganz klein und still geworden. Der Strahlemann der Firma. Janette sieht die Betroffenheit der anderen in deren Gesichtern.

„Du hast Recht. Schon viel zu oft." Bennos Mundwinkel zucken ... „Ich", er schluckt schwer, „ich habe einfach Angst, es nicht zu schaffen. Dann habe ich mein Leben lang geschuftet, nichts erreicht und sterbe wie mein Vater! Das will ich nicht!"
Es ist ganz ruhig geworden. Alle fühlen mit Benno mit. „Wenn du so genau weißt, was du nicht willst, dann suche nach dem, was du willst!"
Janette geht auf Benno zu und legt ihre Hand auf seine Schulter. „Was willst du vom Leben?"
„Ich weiß es nicht!" Er schlägt die Hände vor sein Gesicht und Janettes Hand spürt das Zucken seiner Schultern. Er will aufstehen und raus aus dem Zelt!
„Bloß weg hier! Keiner soll mich weinen sehen", denkt er bei sich. Doch gerade als er aufstehen will, spürt er auch schon den sanften, aber bestimmten Druck von Janettes Hand auf seiner Schulter, die ihn am Platz hält.
„Wir machen eine Übung!"
Janette spürt, wie Benno ganz tief ein- und ausatmet. „Er wappnet und sammelt sich", denkt sie bei sich und wendet sich an die Gruppe.
„Ich bitte euch jetzt, dass ihr alle einmal eure Grabrede schreibt! Schreibt bitte das auf, was ihr euch wünscht, was einmal am Lebensende über euch gesagt werden soll!" Janette sieht, wie einige schockiert zu ihr schauen. Dennoch beginnen alle zu schreiben. Als alle fertig sind: „Benno, lies deine bitte einmal vor!"
Benno blickt in die Runde. „Das ist aber sehr persönlich!"
„Genau diesen persönlichen Teil von dir möchte ich haben!"

Benno erklärt, dass sein bester Freund Folgendes an seinem Grab sagen würde:
„Wir stehen hier versammelt, um uns von Benno Strahling zu verabschieden. Benno war ein echter Freund, auf den wir uns in jeder Lebenslage verlassen konnten. Wir alle zusammen haben viel mit ihm gelacht. Das Besondere an Benno war, dass er immer die Mitte fand. Er hat es geschafft, sich eine tolle Karriere aufzubauen, ohne dabei sein Leben zu vergessen. Er hat seinen Erfolg mit seiner Frau Antje und seinen Kindern genossen.
Benno hat zu mir in einem Gespräch über Tod gesagt, dass es zwei Weisen gibt, auf das Lebensende zu schauen. Die eine ist, dass man im Blick auf das Ende das, was man hat, vergisst, oder aber man wählt die andere, dass man im Blick auf das Ende das, was man hat, solange es dauert, dankbar genießt. Benno hat immer genossen, was er in seinem Leben geschaffen hat. Er hatte nie Angst vor dem Tod, weil er genau wusste, dass er aus seinem Leben etwas gemacht hat. Er hat zu meiner Frau gesagt: ‚Angst vor dem Tod hat nur der, der nicht lebt.' Die große Aufgabe von uns Menschen ist es, leben zu lernen.
Ich weiß genau, dass er jetzt auf uns blickt und lacht und uns sagen will: Freut euch über die gute Zeit, die wir miteinander hatten, anstatt darüber zu weinen, dass es jetzt zu Ende ist. Er würde nicht wollen, dass wir trauern – sondern er würde sich wünschen, dass wir sein Ende so feiern, wie er gelebt hat. Verbindlich, aber mit viel Spaß!"
Alle sind gerührt und die glitzernden Augen verraten, dass sie beteiligt sind und sich berührt fühlen. Benno schaut auf. „Tja, ich würde mir wünschen, dass man das irgendwann

einmal über mich sagen wird." Er räuspert sich. „Es sind natürlich auch schon viele Erfahrungen aus diesem Seminar mit eingeflossen. Noch vorgestern hätte die Grabrede bestimmt anders ausgesehen!" Er lächelt etwas verschmitzt. Fast so, als ob es ihm etwas peinlich wäre.

„Das ehrt mich, Benno! Jetzt stellt euch bitte alle folgende Frage: Was tust du dafür, dass die Menschen das einmal über dich sagen können?"

Benno zuckt förmlich zusammen. Als ob es ihm wie Schuppen von den Augen fällt.

„Zurzeit gar nichts! Es ist wahrscheinlicher, dass alle sagen würden: Benno war ein großer Träumer!"

„Genau aus diesem Grund führe ich diese Aufgabe mit euch durch. Werdet euch darüber bewusst, was ihr wollt und dann fragt euch, was ihr dafür tut." Janette nimmt die nachdenkliche Stille in sich auf. „Benno?"

„Ja?"

„Was ist jetzt dein Wunsch?"

„Hilf mir, dass ich es schaffe, mein Leben endlich anzugehen!"

„Gerne. Kommst du zu mir nach vorne?"

„Was jetzt wohl kommt ... Na ja, viel schlimmer kann es ja eigentlich nicht mehr werden!" Benno streckt den Rücken gerade und geht zu Janette. Sie hat mehrere bunte Zettel und einen dicken Filzstift in ihrer Hand. Die Gruppe beobachtet.

„Benno, was möchtest du ändern?"

„Ich möchte meine Angst vor dem Versagen ändern. Ich möchte Dinge nicht mehr vor mir herschieben aus Angst, sie falsch zu machen, sondern sie einfach angehen!"

Janette schreibt das Gesagte in Stichpunkten auf einem DINA4-großen Zettel auf, sodass es auch die ganze Gruppe nachvollziehen kann und legt den Zettel auf den Boden. „Stell dich auf diesen Zettel. Fühle dich ganz in dieses Verhalten hinein. Vielleicht siehst du vor deinem inneren Auge auch eine Situation, in der du etwas lieber gar nicht erst gewagt hast. Gib mir bitte über ein kurzes Kopfnicken ein Zeichen, wenn du dich genügend hineingefunden hast!"
Nach einer kurzen Weile, Benno hat die Augen geschlossen, nickt er.
Janette fragt weiter: „Welcher Teil in dir ist für dieses Verhalten verantwortlich?"
Benno öffnet die Augen und runzelt die Stirn. „Das ist aber eine eigenartige Frage. Welcher Teil? Ich glaube, das ist ein trotziger Teil. Der Teil, der sagt: ‚Pah.' Papa hat zu mir immer gesagt, dass ich es eh nicht hinkriege. Nie war ich gut genug. Warum also soll ich es überhaupt versuchen? Ich lebe wenigstens und schufte mich nicht zu Tode."
Wieder notiert Janette die Stichpunkte auf einem neuen Zettel und legt ihn in circa 50 cm Abstand vor Bennos Füße. „Vielen Dank, dass du mir diesen Teil von dir zeigst und ich diesen Teil kennen lernen darf. Stell dich doch bitte auch auf diesen Zettel."
Benno macht zaghaft und skeptisch dreinblickend einen Schritt weiter nach vorne.
„Wenn du hier jetzt so stehst und in diesen trotzigen Teil hineinspürst: Was ist die positive Absicht dieses Teils?"
Benno schließt wieder die Augen. Einige Zeit später. „Dieser Teil möchte verhindern, dass ich nur arbeite und mich nur

auf die Karriere konzentriere. Dieser Teil will, dass ich auch das Leben genieße!"
Janette schreibt „Das Leben genießen" auf einen Zettel und legt ihn wieder ein Stück vor Benno auf den Boden. Benno stellt sich auch auf diesen Zettel.
„Und wenn du das Leben genießt, was möchtest du dann erreichen, was dir noch wichtiger ist?"
Benno denkt einen Moment nach. „Dass ich nicht ständig unter Druck gesetzt werde und immer jemand hinter mir steht, der mich antreibt. Ich möchte Freiheit spüren."
Janette notiert „Freiheit" und legt den Zettel vor Benno auf den Boden. Benno geht weiter.
„Wenn du dann keinen Druck mehr, sondern Freiheit spürst, was möchtest du dann erreichen?"
Benno ist ganz tief in sich gesunken und sagt ganz leise: „Ich will nicht etwas tun müssen, weil ich glaube, es wird von mir verlangt. Ich will ausprobieren dürfen – auch mit der Gefahr, dass ich Fehler mache.

Ich will so akzeptiert werden, wie ich bin. Ich will einfach leben und da sein dürfen."

Janette lächelt. „Genau! Mit dieser Erkenntnis wandere doch einmal zu deinem Ausgangswunsch zurück ... Wie verändert sich dein Verhalten durch dieses Wissen?"
Benno geht zum ersten Zettel zurück und stellt sich darauf. „Es scheint, als hätte ich bei allen Dingen, die ich angehen wollte, immer meinen Vater im Ohr gehabt, der zu mir sagt ‚Du musst das schaffen', aber ich immer gefühlt habe, dass er zu mir gleichzeitig sagt, dass ich es eh nie hinbekomme.

Mein Vater hat früher immer zu mir gesagt, ich sollte den Rasen mähen, und hat danach mit mir geschimpft, wie schlecht ich es gemacht hätte. Dann bin ich halt wütend geworden und habe zu mir selbst gesagt: ‚Wenn ich eh nichts kann, dann fange ich gar nicht erst an.' Wenn ich jetzt erkenne, dass es eigentlich nur darum geht, dass ich akzeptiert werden will, dann brauche ich nicht trotzig zu sein, um meine Angst vor dem Versagen zu besiegen, sondern kann es einfach versuchen. Zu uns Menschen gehören schließlich auch die Fehler dazu. Ich habe jetzt Lust dazu, etwas anzupacken. Vorher habe ich mich immer gedrängt gefühlt. Ich schaffe es jetzt. Das spüre ich!"

Benno wendet sich Janette zu. „Danke!"

Janette lächelt, legt die rechte Hand auf das Herz; eine alte Geste der Beduinen, um wortlos auszudrücken, dass sie das „Danke" ehrlich berührt hat und sie es im Herzen einbinden.

„Alles, was ihr im Leben gelernt habt, könnt ihr auch wieder verlernen!"

Janette spricht nun zu allen. „Bedenkt nur einmal, was ihr alles in der Schule gelernt habt. Und wenn es euch wie mir geht, dann habt ihr auch sicherlich das meiste davon wieder vergessen. Und warum? Weil wir es nicht ständig geübt haben! Wir Menschen vergessen alles, was wir nicht ständig trainieren. Also hört auf, ständig das Negative und Schlechte an euch zu trainieren und zu wiederholen. Vergesst, was euch irgendjemand über euch beigebracht hat und was ihr heute noch im Gepäck mit euch herumtragt. Das ist eine Übung, wie ihr es schaffen könnt. Ihr könnt es auch ohne die

Zettel, also rein gedanklich machen, indem ihr euch immer zuerst fragt, welches Verhalten euch stört. Dann fragt euch, was die positive Absicht ist. Das bedeutet, was will das Verhalten für euch erreichen? Danach forscht ihr nach, worum es WIRKLICH geht. Fragt euch das so lange, bis ihr erkennt, was der tatsächliche Grund für euer Verhalten ist. Habt ihr diesen Grund gefunden, könnt ihr euch überlegen, wie ihr das, was ihr wirklich wollt, anders – positiver und wohlwollender – erreichen könnt! Habt ihr dazu noch Fragen?"
Janette schaut in die Runde und erkennt, dass alle die Übung verstanden haben. Es macht auf sie aber den Eindruck, als ob die Gruppe sich nicht so recht zutrauen würde, so etwas jemals allein umzusetzen.

„Konfuzius hat schon damals gesagt: ‚Unsere größte Heldentat besteht nicht darin, niemals hinzufallen, sondern jedes Mal wieder aufzustehen, wenn wir gestürzt sind.' Ich sage immer: Solange man nicht aufgibt, ist man nicht besiegt! Glaubt an euch.

Was ihr wirklich wollt, das schafft ihr auch. Das weiß ich sicher. Niemals wird uns ein Traum, ein Wunsch gegeben ohne die Kraft, diesen auch in die Tat umsetzen zu können. Es kann sein, dass es ab und zu schwierig wird. Dann fragt euch immer: Worum geht es WIRKLICH und dann wendet die Problemlösungsstrategie an."
Janette schaut alle an und wirft dann einen Blick auf die Uhr. Schon 22.30 Uhr. Alle haben einen ereignisreichen Tag hinter sich. Viele Eindrücke, viel erlebt.

„Okay. Es ist spät. Sicher seid ihr ebenso müde wie ich!" Alle nicken. „Zu guter Letzt noch eine Geschichte?"
Janette lächelt in die Gruppe. Wieder Nicken – obwohl es schon verhaltener ist als sonst. Die Müdigkeit zerrt an allen. „Ich kenne das ... Auf einem Seminar hört man immer so viel Neues. Will so viel umsetzen und dann denkt man plötzlich: Das schaffe ich nicht. Das ist zu schwer für mich ... Vielleicht hilft euch ja dieser Brief, den ich euch vorlese. Er handelt von einer Tochter, die ihren Eltern schreibt."

Liebe Mutter, lieber Vater!

Ich schreibe euch erst jetzt nach so langer Zeit auf dem College, weil inzwischen einiges passiert ist.
Natürlich weiß ich, dass Ihr diese Neuigkeiten in gewohnter Gelassenheit aufnehmen werdet.
Mir geht es auch schon viel besser, nachdem ich wegen meines Wohnungsbrandes aus dem Fenster gesprungen bin. Mein Schädel-Basis-Bruch verheilt ganz gut und mein achtwöchiger Krankenhausaufenthalt ist endlich um. Auch diese rasend starken Kopfschmerzen überfallen mich nur noch einmal am Tag.
Am Tag des Wohnungsbrandes hat mir ein netter Junge aus der Tankstelle geholfen; er hat den Krankenwagen und die Feuerwehr gerufen. Er hat mir auch angeboten, dass ich bei ihm in der Wohnung bleiben kann. Die Wohnung ist recht schön, außer dass sich dort leider keine Fenster, kein fließendes Wasser und kein Strom befinden. Der Junge ist sehr nett. Nach der Hauptschule hat er sich als Straßenmusikant

über Wasser gehalten, und er hat sich fest vorgenommen, jetzt wieder nach drei Jahren richtig zu arbeiten.
Ich kenne ja gut eure tolerante Art und weiß, dass ihr so etwas nicht verurteilt.
Wir haben uns ineinander verliebt und wollen, noch bevor unser Kind auf die Welt kommt, heiraten. Ihr werdet dieses Baby bestimmt mit genauso viel Liebe erziehen, wie ihr es mit mir getan habt – wenn wir es in eure Obhut geben.
Und auch, obwohl der Vater des Kindes einer anderen Rasse und Religion angehört, werdet ihr ihn so lieben, wie ihr mich liebt. Ihr werdet uns mit offenen Armen empfangen und Aufenthalt gewähren – weil wir uns die Wohnung nicht mehr leisten können.
Ich weiß auch, dass ihr mich in jeder meiner Phasen der Infektionskrankheit, die ich mir zugezogen habe, unterstützen werdet.
Ich melde mich bald wieder und werde euch über mein Leben auf dem Laufenden halten.
Ach ja, eh ich es vergesse noch dies, liebe Eltern: Weder hat die Wohnung gebrannt noch bin ich verliebt oder schwanger, auch eine Infektionskrankheit habe ich nicht, nichts von alledem ist wahr. Allerdings bin ich in Physik durchgefallen und in Deutsch habe ich eine 5 zurückbekommen. Ich wollte nur, dass ihr diese Noten in der richtigen Relation seht.
Liebe Grüße

Eure Tochter.

Alle lachen. Es ist ein erlösendes Lachen. Das Lachen von Menschen, die viel erlebt und gelernt haben und jetzt spü-

ren, dass nicht immer alles gleich funktionieren muss, sondern wir Menschen auch Fehler machen dürfen.
„Also, wenn ihr irgendwann einmal an den Punkt kommt, wo es nicht so läuft, wie ihr wollt, denkt immer daran: Alles in Relation sehen!

Jede Aktion und Neuheit ist wie ein Spiel:
Man muss die Regeln kennen und Übung haben. Auch der beste Spieler kann nicht immer gewinnen. Aber, man kann immer wieder mitspielen ... Und nur wer mitspielt, kann auch gewinnen!

Ich wünsche euch eine schöne, erholsame zweite Wüstennacht! Schlaft gut!"

Kunststücke der Tuareg

TAG 3 – NORBERT VERSCHENKT SEIN HERZ, HERBERT ATMET UM SEIN LEBEN, DAVID MISST SEIN GLÜCK & WERNER ZIEHT NÄGEL AUS DEM ZAUN

Leise schleicht Janette durch die Zelte, um alle leise zu wecken. Brummeln, Knurren und auch gespannte Neugier erfüllen den Platz.

„Aufstehen! Los! Das dürft ihr nicht verpassen!"

„Wie spät ist es denn überhaupt?", fragt Norbert verschlafen.

„Es ist genau die Zeit, die es braucht, um etwas Außergewöhnliches zu erleben."

Alle stehen – in warme Kleidung gehüllt – am eingezäunten Weideplatz der Oasenpferde. Diese sind gesattelt und gezäumt. Es ist noch dunkel. Vereinzelt strahlen noch die Sterne vom Himmel. Weit hinten am Horizont ist zu erkennen, dass die Sonne langsam aufgeht.

„Sollen wir etwa reiten? Das kann ich aber gar nicht!", sagt Susanne entsetzt.

Janette blickt sie lange und still an: „Hast du es jemals in deinem Leben versucht?"

„Nein", sagt Susanne kleinlaut.

„Also, was willst du in deinem Leben jetzt trainieren? Neue Herausforderungen anzunehmen oder aus Angst, etwas nicht hundertprozentig zu können, es erst gar nicht auszuprobieren?"

Susanne muss nicht antworten. Janette sieht an ihrem Gesicht, dass ihr die gestrige Übung mit Benno wieder eingefallen ist. Ihr Gesicht spiegelt jetzt einen entschlossenen Ausdruck wieder.

Nur das Schnaufen der Pferde und ihre Hufe, die in regelmäßigem Gleichklang in den Sand treffen, sind zu hören. Die Gruppe reitet in ruhigem Tempo am Oasenrand entlang, dem Sonnenaufgang entgegen tiefer in die Wüste hinein.
Langsam, in einer Farbe, die nicht in Worte zu kleiden ist, geht die Sonne auf. Alles ist still. Jeder ist mit seinen Gedanken beschäftigt und Janette spürt, dass keiner von ihnen so etwas jemals zuvor erlebt hat. Die Eindrücke spiegeln wieder, wie reich wir Menschen eigentlich sind.
Auf einer hohen Düne hält Janette die Gruppe an, schwingt sich aus dem Sattel, holt aus der Satteltasche eine große Kerze heraus und stellt sie in den Sand. Sie entzündet diese und blickt still in die Flamme. Auf einmal ist die Gruppe eins. Alle sind verbunden durch dieses einzigartige Schauspiel der Natur, verbunden mit Erfahrungen, wie sie nur in dieser Gruppe entstanden sind. Janette schaut alle an und beginnt mit sanfter Stimme zu sprechen.

Ich bin eine Kerze.
Ihr habt mich angezündet und schaut – nachdenklich oder versonnen – in mein Licht.
Vielleicht freut ihr euch auch ein bisschen dabei.
Ich jedenfalls freue mich, dass ich brenne. Wenn ich nicht brennen würde, läge ich in einem Karton mit anderen, die auch nicht brennen. In so einem Karton haben wir überhaupt keinen Sinn. Da liegen wir nur herum.
Einen Sinn habe ich nur, wenn ich brenne. Und jetzt brenne ich.
Aber seit ich brenne, bin ich schon ein kleines bisschen kürzer geworden. Das ist schade, denn ich kann mir ausrechnen,

wann ich so kurz bin, dass ich nur noch ein kleines Stümpfchen bin. Aber so ist das: Es gibt nur zwei Möglichkeiten – entweder ich bleibe ganz und unversehrt im Karton, dann werde ich nicht kürzer, dann geht mir überhaupt nichts ab – aber dann weiß ich nicht, was ich eigentlich soll – oder ich gebe Licht und Wärme, dann weiß ich, wofür ich da bin. Dann muss ich aber etwas geben dafür, von mir selbst, mich selber. Das ist schöner als kalt und sinnlos im Karton zu liegen.

So ist das auch bei euch Menschen, genau so.

Entweder ihr bleibt für euch, dann passiert euch nichts, dann geht euch nichts ab – aber dann wisst ihr auch eigentlich nicht so recht warum. Dann seid ihr wie Kerzen im Karton.

Oder ihr gebt Licht und Wärme. Dann habt ihr einen Sinn. Dann freuen sich die Menschen, dass es euch gibt. Dann seid ihr nicht vergebens da. Aber dafür müsst ihr etwas geben, von euch selber, vor allem, was in euch lebendig ist, von eurer Freude, eurer Herzlichkeit, von eurer Treue, eurem Lachen, von eurer Traurigkeit, von euren Ängsten, von euren Sehnsüchten, von allem, was in euch ist.

Ihr braucht keine Angst zu haben, wenn ihr dabei kürzer werdet. Das ist nur äußerlich. Innen werdet ihr immer heller. – Denkt ruhig daran, wenn ihr eine brennende Kerze seht, denn so eine Kerze seid ihr selber.

Ich bin nur eine kleine, einzelne Kerze. Wenn ich allein brenne, ist mein Licht nicht groß und die Wärme, die ich gebe, ist gering. Ich allein – das ist nicht viel. Aber zusammen mit anderen, da seid ihr viel. Licht ist ansteckend!

(Verfasser unbekannt)

Janette schaut in die Runde. Die Parabel ist angekommen. Sie greift wieder in die Satteltasche ihres Pferdes und holt eine Handvoll kleiner Kerzen heraus. Jeder bekommt eine mit den Worten: „Zeigt den Menschen, wer ihr wirklich seid. Gebt von euch und ihr werdet spüren, wie viel ihr zurückbekommt."

Sie schwingt sich wieder in den Sattel und die Gruppe reitet weiter. Alle beobachten, wie die Sonne weiter steigt, die Hitze nach und nach zunimmt. Als sie wieder an der Oase ankommen, steigt ihnen schon der Duft des arabischen Kaffees, von Bechir frisch zubereitet, in die Nase. Langsam kommt wieder Leben in die Gruppe. Am Reitplatz werden ihnen die Pferde abgenommen. Alle müssen helfen, die Tiere sorgsam zu verpflegen und bevor es zum Frühstück geht, zeigt Janette, wie man einem Pferd ein Leckerchen gibt und fordert alle auf, es ihr gleichzutun.

Verstaubte Gesichter, schmutzige und nach Pferd riechende Hände, Baguette, Kaffee, Dattel-Marmelade und geriebene Nüsse, Lachen und leichte Gespräche bestimmen das Frühstück.

„Die Zeit geht hier so unendlich schnell herum. Selten habe ich mich so wohl gefühlt – auch wenn die Dusche und unser Feldbett nicht unbedingt meiner sonstigen Vorstellung von Urlaub entsprechen", sagt Katrin lachend. Alle stimmen ihr gut gelaunt zu.

„Um acht Uhr treffen wir uns im Zelt! Bis gleich."

Die Gruppe beendet ihr Frühstück und folgt Janette ins Seminarzelt.

Auf ihren Plätzen finden sie einen Zettel. David beginnt laut zu lesen:

Ich wünsche Dir Zeit ...

Ich wünsche Dir nicht alle möglichen Gaben.
Ich wünsche Dir nur was, was die meisten nicht haben.
Ich wünsche Dir Zeit, Dich zu freuen und zu lachen und wenn Du sie nutzt, kannst Du etwas draus machen.

Ich wünsche Dir Zeit für Dein Tun und Dein Denken,
nicht nur für Dich selbst, sondern auch zum Verschenken.
Ich wünsche Dir Zeit, um zufrieden sein zu können.

Ich wünsche Dir Zeit, nicht so zum Vertreiben.
Ich wünsche, sie möge Dir übrig bleiben.
Als Zeit für das Staunen und Zeit für das Vertrauen,
anstatt nach der Zeit auf der Uhr zu schauen.

Ich wünsche Dir Zeit, nach den Sternen zu greifen
und Zeit, um zu wachsen, das Heut', um zu reifen.
Ich wünsche Dir Zeit, neu zu hoffen, zu lieben.
Es hat keinen Sinn, diese Zeit zu verschieben.

Ich wünsche Dir Zeit, zu Dir selber zu finden.
Jeden Tag, jede Stunde als Glück zu empfinden.
Ich wünsche Dir Zeit, auch um Schuld zu vergeben.
Ich wünsche Dir Zeit, Zeit zu haben zum Leben.

Elli Michler

„Wow! Das ist ja ein wirklich schönes Gedicht!", endet David sein Vorlesen.
„Woher weiß Janette immer, was uns gerade beschäftigt?", wundert sich Susanne und als Janette das Zelt betritt, fragen alle neugierig nach.
„Ich höre einfach hin. Eure Gespräche interessieren mich. Es geht vielen in der Wüste so wie euch."
Janette wartet, bis sich alle gesetzt haben. „Wann erkennen die Menschen die Bedeutung der Zeit?"
Keiner in der Gruppe sagt etwas.
„Leider meistens erst, wenn sie spüren, dass die Zeit endlich ist. Die meisten Menschen beginnen zu leben, wenn der Arzt ihnen sagt, dass sie noch ein Jahr haben oder wenn sie dem Tod so gerade eben von der Schippe gesprungen sind."
Alle sind nachdenklich.
„Wir haben schon Übungen dafür gemacht, was uns im Leben wichtig ist. Stellt euch einmal vor, bei einem Wettbewerb würden wir folgenden Preis gewinnen: Jeden Morgen stellt die Bank euch ein Konto mit 86.400 Euro zur Verfügung. Es gibt jedoch einige Regeln:
1. Regel
Alles, was du im Laufe dieses Tages nicht ausgegeben hast, wird dir weggenommen. Du kannst das Geld nicht einfach auf ein anderes Konto überweisen. Du kannst es nur ausgeben! Aber..., jeden Morgen erhältst du ein neues Bankkonto gefüllt mit 86.400 Euro für den kommenden Tag.
2. Regel
Die Bank kann das Spiel ohne jede Vorwarnung beenden und zu jeder Zeit sagen: Es ist vorbei – das Spiel ist aus. Sie kann

das Konto schließen und du bekommst kein neues Geld mehr.
Was würdet ihr tun?"
„Ich würde mir alles kaufen, was ich möchte!", sagt Norbert.
„Ich würde für meine Familie und mich jeden Cent ausgeben wollen", meint Susanne und Katrin sagt: „Ich würde auch versuchen, jeden Cent zu nutzen. Für Spenden, für Schönes, für mich ..., ach, einfach gelassen leben!"
„Tja, dieses Spiel ist Realität. Jeder von uns hat diese ‚magische Bank'!"
Alle schauen Janette erstaunt an.
„Wir sehen diese Bank nur oft nicht. Die magische Bank heißt: ZEIT! Jeden Morgen bekommt jeder von uns 86.400 Sekunden Leben für den Tag geschenkt. Wenn wir am Abend einschlafen, wird uns die übrige Zeit nicht gut geschrieben. Alles, was wir am Tag nicht gelebt haben, ist verloren – für immer. Jeden Morgen füllt sich unser Konto wieder auf. Vergesst nur nie, die Bank kann das Konto zu jeder Zeit und ohne Vorwarnung auflösen! Also fragt euch, was ihr mit euren täglichen 86.400 Sekunden macht!"
Alle schauen etwas betroffen. „Das stimmt. Wir begraben uns unter Stress, Arbeit und Zeitdruck, ohne uns darüber im Klaren zu sein, dass unser Konto jederzeit aufgelöst werden kann." Norbert ist sehr nachdenklich, während er das sagt.
„Wie können wir uns nur täglich daran erinnern, unsere Zeit besser zu nutzen?" Norbert schaut Janette fest an.
„Jeder hat da seine eigene Methode. Die Buddhisten haben eine sehr schöne Variante. Sie stellen sich vor, dass ein Vogel auf ihrer Schulter sitzt, der ihnen jeden Tag sagt, dass sie heute sterben könnten. Dann stellt der Vogel die Frage, ob es

das Leben ist, das er oder sie wirklich leben möchte. Ob er oder sie der-/diejenige ist, die er/sie sein wollte."

„Na ja, ob das die richtige Methode ist?", wirft Norbert kritisch ein. „Ich will doch nicht den ganzen Tag an den Tod denken – das macht mich ja nur traurig. Und wenn ich traurig bin, kann ich nicht gut verkaufen."

„Du hast Recht! Der Tod kann traurig machen – unglücklich zu leben ist aber noch eine ganz andere Sache!"

Norbert schaut sehr betroffen. „Ich habe Angst vor dem Tod!", flüstert er in die Runde.

„Angst vor dem Alter oder dem Tod muss nur der haben, der seinem Leben keinen Sinn gibt!" Janette ist sich der Härte ihrer Worte bewusst. „Wenn du in deinem Leben gelebt hast, Norbert, dann ist der Tod nicht mehr schlimm."

„Das stimmt! Ich will meinem Leben Sinn geben! Trotzdem fällt es mir manchmal schwer zu zeigen, was in mir vorgeht. Meine Frau wirft mir immer vor, ich sei unnahbar und distanziert wie ein Stein!"

„Ja, wir Menschen haben Angst vor Tod, Ehe, Familie und besonders vor Liebe ..."

Norbert springt in die Worte: „Ja klar, welchen Sinn macht es auch zu lieben, wenn man dann doch gehen muss oder verlassen wird! Ich will diesen Schmerz nicht erleiden! Hast du denn nie Angst davor?"

„Doch, ich glaube, du kannst dir gar nicht vorstellen, wie sehr ich davor Angst habe und manchmal verzweifle ich auch - und dann jammere ich darüber, wie schwer das Leben ist. Aber dann distanziere ich mich und sage zu mir selbst: ‚Sieh mal, Janette, da bist du ja wieder erfolgreich in deine

Angstfalle gestolpert und im Selbstmitleid ertrunken – das reicht jetzt.' Mehr Zeit will ich dem nicht schenken!"

„Und das funktioniert?"

„Ja! Ich will meine 86.400 Sekunden nutzen. Mir hilft mein Vogel auf der Schulter und der Gedanke, dass z. B. der Tod zwar das Ende des Lebens ist – in meinen Augen aber nicht das Ende der Beziehung. Wenn Angst mein Leben regiert, verliere ich. Der Mensch braucht Liebe oder er stirbt. Auch wenn eine Partnerschaft zerbricht, ist das eine Tragödie. Wichtig ist aber doch, dass dieser Mensch dich berührt hat. Jeder hat von dem anderen gelernt – und dafür sei dann dankbar. Nimm das Gute dankbar mit in deine Zukunft und lass auch den anderen das Gute mitnehmen. Trennung bedeutet auch immer einen Neuanfang. Die Angst, den Anderen verlieren zu können, soll nicht die Macht über mich haben, dass ich mein Herz nur halb verschenke. Angst ist manchmal ein guter Begleiter, aber ein schlechter Ratgeber. Die Zeit, die für die Gemeinsamkeit vorgegeben ist, soll nicht von einem gebremsten Herzen gelebt werden, sondern von einem Herzen, das offen ist und gewillt ist, den Schmerz des Verlustes zu tragen aus Dankbarkeit dafür, die offene Liebe gespürt haben zu dürfen.

Erlaube dir, dass du die Liebe verdienst, dann hast du auch keine Angst mehr davor, sie anzunehmen, und gibst sie mit vollen Händen zurück. Lebe so, als würdet du morgen sterben.

Was würdest du alles bereuen, deiner Frau und deinem Sohn nicht gesagt zu haben?"

Norbert beginnt hemmungslos zu schluchzen. „Ich hätte ihnen so unendlich viel zu sagen, dass ich sie liebe und wie viel sie mir bedeuten und ..."
Ein heftiger Weinkrampf lässt Norberts Stimme versagen. Janette geht auf ihn zu und umarmt ihn.
„Es ist nichts zu spät, Norbert. Du hast dein volles Bankkonto vor dir. Zeige ihnen, was sie dir bedeuten. Zeige es auch den anderen Menschen. Du wirst spüren, dass die Liebe die größte Lebenskraft ist, die es gibt."
Norberts Schultern zucken und sein tiefes Atmen ist zu hören. Alle sind ganz still. Janette sieht, wie die Gruppe mitfühlt und mitweint.
„Ich ... ich würde jetzt so gerne zu ihnen. Oder sie anrufen ..., aber mein Handy funktioniert hier nicht. Kein Empfang!"
„Norbert, überstürze nichts! Sammle deine Gedanken! Du hast jetzt erkannt, wie wichtig sie dir sind und dass du es ihnen sagen und zeigen möchtest. Diese Erkenntnis ist unendlich viel wert. Du bist jetzt bereit, dein Herz voll zu schenken und deine Familie wird es spüren. Schon in wenigen Tagen kannst du sie umarmen."
Janette spürt, wie Norbert sich mehr und mehr beruhigt. Norbert hat viel mitgenommen, das weiß sie sicher.
„Kommt alle einmal zu Norbert. Umarmt ihn!"
Die ganze Gruppe steht auf und geht zu Norbert. Dieser ist sichtlich dankbar für die Zuwendung. Janette spürt, wie die Gruppe zu einer festen Gemeinschaft heranwächst – und das ist gut so!
„Das Leben schenkt uns die größten Erkenntnisse. Versucht so zu leben, dass ihr nichts bereut. Ich möchte euch etwas vorlesen. Seid ihr bereit?" Alle sammeln sich wieder.

Der besondere Tag!

Mein Freund öffnete die Kommodenschublade seiner Ehefrau und holte ein in Seidenpapier verpacktes Päckchen heraus.
Es ist nicht irgendein Päckchen, sondern ein Päckchen mit Unterwäsche darin. Er warf das Papier weg und betrachtete die Seide und die Spitze. „Die kaufte ich, als wir zum ersten Mal in New York waren. Das ist jetzt acht oder neun Jahre her. Sie trug es nie. Sie wollte es für eine besondere Gelegenheit aufbewahren. Und jetzt, glaube ich, ist der richtige Moment gekommen." Er näherte sich dem Bett und legte die Unterwäsche zu den anderen Sachen, die von dem Bestattungsinstitut mitgenommen wurden. Seine Frau ist gestorben. Als er sich zu mir umdrehte, sagte er: „Bewahr nichts für einen besonderen Anlass auf, jeder Tag, den du lebst, ist ein besonderer Anlass!"
Ich denke immer noch an diese Worte ... sie haben mein Leben verändert.
Heute lese ich viel mehr als früher und putze weniger. Ich setze mich auf die Terrasse und genieße die Landschaft, ohne auf das Unkraut im Garten zu achten. Ich verbringe mehr Zeit mit meiner Familie und meinen Freunden und weniger Zeit bei der Arbeit!
Ich habe begriffen, dass das Leben eine Sammlung von Erfahrungen ist, die es zu schätzen gilt. Von jetzt an bewahre ich nichts mehr auf. Ich benutze täglich meine Kristallgläser. Wenn mir danach ist, trage ich meine neue Jacke, um damit nur in den Supermarkt zu gehen. Meine Lieblingsdüfte trage

ich dann auf, wenn ich Lust darauf habe, anstatt sie für Festtage aufzubewahren.
Sätze wie „Eines Tages ..." oder „an einem Tag ..." sind dabei, aus meinem Vokabular verbannt zu werden.
Wenn es sich lohnt, will ich die Dinge hier und jetzt sehen, hören und machen.
Ich bin mir nicht ganz sicher, was die Frau meines Freundes gemacht hätte, wenn sie gewusst hätte, dass sie morgen nicht mehr da sein würde.
Ich glaube, dass sie noch ihre Familie und enge Freunde angerufen hätte. Vielleicht hätte sie auch noch ein paar alte Freunde angerufen, um sich zu versöhnen oder sich für alte Streitigkeiten zu entschuldigen.
Es sind die kleinen Dinge, die mich stören würden, wenn ich wüsste, dass meine Tage gezählt sind.
Jetzt verpasse und verschiebe ich nichts mehr, was uns Freude und Lächeln in unser Leben bringen könnte. Ich sage mir, dass jeder Tag etwas Besonderes ist ... Jeder Tag sowie jede Minute ist etwas Besonderes.

Langsam kriecht die Mittagshitze in das Zelt hinein.
„Stellt euch vor, ihr hättet nur noch einen Tag zu leben! Was würdet ihr bereuen? Stolz, Eitelkeit, Hartherzigkeit? Wir verzeihen oft erst viel zu spät – manchmal nie! Ein Mensch, der weiß, dass sein Abschied naht, erledigt alle Konflikte. Vergebt alles und verzeiht jedem. Nur das bringt euch wirklichen Frieden und Ruhe. Jeder Streit, jede unerledigte Kleinigkeit ist ein Energie- und Friedensräuber.
Ich habe euch etwas vorbereitet. Es ist die Liebesbrieftechnik. Alles ist genau beschrieben. Nehmt euch wieder Zeit. Sucht

euch einen schönen schattigen Platz. In einer Stunde, so gegen 13.00 Uhr, treffen wir uns zum Mittagessen."

Liebesbrieftechnik

Bitte schreibe einer Person diesen Brief. Finde auf jeder Ebene mindestens eine Satzverlängerung, gerne auch mehr, ganz so, wie es für dich passt. Nimm dir Zeit für diese Übung. Ob du diesen Brief jemals abgibst, entscheidest du selbst.

Liebesbrief

Liebe/r,

ich schreibe dir diesen Brief, um meine Veränderung, Verärgerungen und negativen Gefühle loszuwerden und die positiven Gefühle zu entdecken und auszudrücken, die dir zustehen. Ich schreibe dir diesen Brief auch, um dich um Unterstützung zu bitten, ohne sie zu fordern.

Ebene: Ärger
Ich mag es nicht
Ich ärgere mich
Ich bin frustriert
Ich bin zornig
Es macht mich wütend

Ebene: Trauer
Es verletzt mich
Ich bin enttäuscht
Ich bin traurig

Ich bin unglücklich
Ich wünsche mir

Ebene: Angst
Es schmerzt mich
Ich mache mir Sorgen
Ich habe Angst
Ich fürchte
Ich brauche

Ebene: Reue und Entschuldigung
Ich entschuldige mich
Es ist mir peinlich
Es tut mir Leid
Ich schäme mich
Ich bin bereit

Ebene: Liebe, Verständnis, Dankbarkeit und Vergeben
Ich liebe
Ich schätze
Ich sehe ein
Ich verzeihe
Ich würde gerne
Ich vertraue
Ich liebe/mag dich

Antwortbrief

Mit dem Antwortbrief sagen wir unseren Gefühlen, was wir als Antwort verdient hätten. Schreibe den Brief so, als würde der Partner es tun mit den Dingen, die *dir* gut tun würden! Mit diesem Brief kannst du dir die Liebe und Unterstützung verschaffen, die du brauchst.

Der Antwortbrief sollte enthalten:

- *Entschuldigungen, die so formuliert sind, dass du das Gefühl hast, Gehör und Unterstützung zu bekommen*
- *Verständnisvolle und bestärkende Aussagen, die Wärme und Mitgefühl für die Gefühle ausdrücken*
- *Liebevolle Aussagen, die loben und schätzen sowie anerkennen, was dir zusteht*
- *Was immer du sonst brauchst, um dich gut zu fühlen; eine Aufmunterung oder ein schönes Kompliment*

Wie immer hat Bechir wieder mit den wenigen Mitteln, die ihm zu Verfügung stehen, ein herrliches Essen gezaubert.

„Wie ist es euch bei der Übung ergangen?", fragt Janette in die Runde.

„Also, anfangs habe ich mich schon ziemlich schwer getan!", sagt Katrin offen. „Aber dann war es wirklich befreiend. Ich habe den Brief sogar an zwei Personen geschrieben."

Janette lächelt sie an.

„Ich fand den ersten Brief ganz einfach, aber bei dem Antwortbrief bin ich irgendwie nervös geworden!", sagt Norbert.

Janette wendet sich an die Gruppe. „Norbert, du selbst hast uns heute verraten, dass es dir schwer fällt, Gefühle zu zeigen oder anzunehmen. Das spiegelt sich jetzt in dieser Übung wieder. Wir haben heute so viel erarbeitet. Jetzt darf langsam beginnen zu wirken, was wir gesetzt haben. Erlaube dir, von anderen etwas annehmen zu dürfen, ohne etwas dafür zurückgeben zu müssen."

„Ich stelle fest, dass, wenn wir die Ebene Wut hinter uns haben und uns der Ebene Reue und Liebe nähern, viele Dinge, die in der Ebene Wut noch bedeutend waren, plötzlich verschwindend klein werden. Es ist wirklich blöd, worüber wir uns ärgern. Oft gehen mit so einem lächerlichen Streit zwei, drei Tage, in denen man sich anzickt, verloren. Mir ist bewusst geworden, wie dumm ich mich manchmal verhalte. Ich will mich jetzt nicht mehr über solche Kleinigkeiten ärgern, sondern eher betrachten, was ich an der Person liebe", bringt Susanne ein.

„Ich habe wieder gespürt, dass der andere es oft gar nicht so böse meint, wie ich es verstehe", sagt Herbert.

„Hat euch die Übung gefallen?"

Ein einheitliches Ja und Kopfnicken sind die Antworten.

„Schön. Das freut mich. Nutzt sie ruhig regelmäßig. Es wird euch helfen, Konflikte schneller und friedlicher abzubauen."

Janette hält kurz inne, steht dann auf und sagt: „So! Ruht euch noch etwas aus. Um 16.00 Uhr starten wir mit den Geländewagen wieder in die Wüste zu einer Tour. Packt euch auch warme Kleidung ein! Wir werden erst in der Nacht wieder in der Oase eintreffen."

Pünktlich um 16.00 Uhr steht die Gruppe bereit. Die Sonne brennt allen auf die Köpfe, kein Lüftchen regt sich. Alle starten mit ihren Autos. Die Tour geht los.

Janette hat eine ganz besondere Überraschung für die Gruppe geplant. Der Salzsee Chott El Fejaj soll besucht werden. „Mit etwas Glück können alle über der flimmernden Salzfläche eine Fata Morgana beobachten. Ein tolles Schauspiel!", hofft Janette, während die Autos bereits über die Dünen fahren.

Die Zeit vergeht wieder einmal wie im Flug – wie immer, wenn der Mensch sich wohl fühlt. Janette lässt die Eindrücke der letzten Tage Revue passieren. „Es ist wieder einmal viel passiert. Viel Schönes!"

Während sie das denkt, spürt sie diesen tiefen inneren Frieden in sich und schaut ihr Gesicht im Seitenspiegel des Geländewagens an. „Komisch, hier in der Wüste gefalle ich mir immer sehr gut. Meine Gesichtszüge sind so ..."

Plötzlich sind die Ruhe und der Frieden mit einem Schlag weg. Im Spiegel sieht Janette, wie sich eine schwarze Wand nähert. Erschrocken denkt sie: „Die schwarze Wolke ..., ein Sandsturm!"

Um Fassung ringend und bemüht, den Klang der Stimme nicht zu verändern, spricht sie auf Arabisch, um die anderen nicht nervös zu machen, mit dem Fahrer Emir. Auch dieser hat die Wolke bereits seit einiger Zeit im Auge und sich mit den anderen Fahrern per Funk verständigt. Alle klingen besorgt. Langsam spürt Janette die Unruhe auch bei ihren Teilnehmern.

Sie entscheidet: Anhalten im Schutz einer Düne und Besprechung. Alle sammeln sich.

„Habt ihr die dunkle Wolke schon gesehen?" Janette zeigt in westliche Richtung. Trotz der augenscheinlichen Gefahr, die von dem herannahenden Sturm ausgeht, übt er auf alle

auch eine gewisse Faszination aus. Janette spürt, dass keiner in der Gruppe erahnen kann, was auf sie zukommt, wenn der Sturm über sie hinwegfegt. Bis jetzt hatte sich die Wüste nur von ihrer Schokoladenseite gezeigt.
„Täuscht euch nicht. Trotz aller Schönheit dieses Schauspiels ist es zuallererst eine Demonstration der Naturgewalt. Wir müssen uns vorbereiten. Der Sturm wird in spätestens fünfzehn Minuten direkt bei uns sein und dann wird es wirklich ungemütlich."
Die Fahrer haben in der Zwischenzeit schon die Wagen parallel zur Düne gestellt. Düne und Autos bilden jetzt quasi ein Tal, in welchem sie dabei sind, ein Zelt aufzubauen. Die Gruppe spürt, dass Janette es ernst meint und hört augenblicklich konzentriert zu.
„Bitte sucht schnell schwere Steine. In dem Wagen, in dem ich immer mitgefahren bin, ist unter dem Beifahrersitz eine Kiste mit Skibrillen. Norbert! Hole sie bitte und verteile sie an alle!"
Norbert nickt.
„Zieht bitte alle eure warme Kleidung an!"
„Aber es ist doch total heiß!", sagt Benno. Die Worte bleiben ihm fast im Hals stecken. Ohne einen Kommentar von Janette abzuwarten, nickt er nach einem Blick in ihr Gesicht widerspruchslos.
„Bitte beeilt euch. Geht nicht zu weit von den Wagen weg und nehmt dringend eure Kopftücher mit!"
Die Gruppe sammelt sich im Zelt. Das Zelt ist klein. Es ist eng. Sie rücken zusammen und bilden einen Kreis, sodass sich alle ansehen können. Alle schwitzen – noch ist die Hitze der Wüste fast unerträglich.

Plötzlich hören alle den Wind brausen, der immer stärker wird. Die Hitze wechselt fast schlagartig in eine unheimliche Kälte und es wird ganz dunkel.
„Deckt euch in Decken und Tücher ein! Wickelt eure Tücher um die Nase und setzt die Brillen auf! Ihr erlebt gleich euren ersten Sandsturm!"
Alle spüren, dass auch Janette angespannt ist. Der Lärm des Windes wird immer lauter und schluckt die Wörter von Janette. Die Luft wird immer stickiger. Die Wände des Zeltes werden vom Sturm hin- und hergerissen. Das Zelt ist fest im Boden und mit schweren Steinen verankert und dennoch genügt dem Sand der kleinste Spalt. Er kriecht in jede Körperöffnung. Das Atmen fällt immer schwerer. Die Stimmung ist zum Zerreißen gespannt. Der Sturm treibt den Sand wie Geisterfinger die Dünen entlang.
Direkt über den Zelten ertönt ein tiefes Grollen und in der gleichen Sekunde schlägt ein Regen, der einer Sintflut gleichkommt, auf die Zelthäute nieder. Blitze zucken und erfüllen die Sturmdunkelheit mit einem unheimlichen Leuchten. In einem der grellen Blitze trifft Janettes Blick in Herberts Augen. Sie sind vor Angst geweitet, sein Atem ist schnell und flach. Janette versucht, mit Herbert zu reden und ihn zu beruhigen, doch er nimmt ihre Stimme gar nicht wahr. Er atmet immer schneller. Auch die anderen Teilnehmer bekommen mit, dass es Herbert überhaupt nicht gut geht. Alle versuchen, ihn zu beruhigen.
Auf einmal reißt er sich Brille und Tuch aus seinem Gesicht und beginnt zu schreien. „Ich will hier weg. Ich will zu meiner Familie! Ich habe ihnen noch so viel zu sagen!"

Die Stimme versagt, weil der Sand schnell den Weg in seine Atemwege findet. Er weint, hustet und schreit unkontrolliert. Als er aufstehen will, halten Janette, David und Norbert ihn fest. Er schreit noch mehr. Janette erkennt, dass Herbert hyperventiliert und eine Panikattacke hat. Janette robbt sich zu Herbert vor. Mit einem Griff umarmt sie ihn und presst ihm das Tuch mit ihrer Hand fest vor Nase und Mund. So zwingt sie ihn, ruhiger zu atmen. Mit fester Stimme schreit sie gegen den Wind an: „Atme in den Bauch. Atme!"
Keine Sekunde verlässt ihr Blick Herberts aufgerissene Augen. Er schüttelt den Kopf und will sich wehren. David springt Janette zu Hilfe und hält ihn mit fest. Janette schreit weiter: „Herbert, schau mich an! Siehst du mich!"
Herbert nickt.
„Du hast eine Panikattacke. Die ist gleich vorbei. Glaub mir! Ich weiß es!"
Herberts Augen halten sich an Janettes Blick fest. Immer wieder ermahnt sie ihn zu atmen, tief in den Bauch. Der Atem wird immer ruhiger, der Blick langsam wieder klarer. Der Sturm tobt draußen, aber das Schlimmste, so spüren es alle, ist überstanden.
Während Janette Herbert weiterhin beruhigt, ebbt der Sturm langsam ab. Die Regentropfen werden weniger, der Wind wütet nicht mehr ganz so ungehalten und langsam weicht auch die Kälte.
„Ihr könnt eure Brillen abnehmen und die Tücher lösen. Der Sturm ist weitergezogen."
Janette lockert die Umarmung zu Herbert. „Geht es dir wieder besser?"

Ein Sandsturm tobt– noch ist er weit weg

„Ja", sagt Herbert leise, fast beschämt. Bechir sagt etwas auf Arabisch zu Janette.
„In 10 Minuten können wir das Zelt verlassen. Eure warme Kleidung könnt ihr schon ablegen", übersetzt Janette.
Tatsächlich ist nach zwanzig Minuten alles vorbei. Scheinheilig blau, als wäre nichts gewesen, präsentiert sich die Sahara der Gruppe. Nur der nasse Sand zeigt, dass hier gerade ein mächtiger Sturm getobt hat.
Vor dem Zelt schwirren die Stimmen durch die Luft. Jetzt, nachdem alle den Sturm schadlos überstanden haben, ist es ein spannendes Erlebnis und alle erzählen ihre Eindrücke und Gedanken. Bechir kocht Tee. Zur Beruhigung der Nerven, wie er sagt.
Alle sammeln sich um die Feuerstelle. Mit einer einzigen Handbewegung ist der nasse Sand an die Seite gewischt und sie setzen sich im Kreis auf den Boden. Alle sind gespannt.
„Was sagt ihr?" Janette schaut in die Runde.
„War schon ein Hammer. Besonders unheimlich war es mir, als Herbert die Panikattacke hatte", sagt Norbert und schaut aufmunternd zu Herbert. Dieser ist noch sichtlich erschöpft.
„Wenn ihr mir nicht geholfen hättet, wäre ich in den Sturm gelaufen."
Alle schauen betroffen.
„Ich hatte plötzlich eine solche Todesangst, wie ich sie noch nie gespürt habe. Ich wollte nur noch zu meiner Familie und besonders nach unseren ganzen Übungen und dem hier Erlebten wollte ich ihnen noch so unendlich viel sagen ... Ich ... ich ..." Herbert schluckt heftig. „Mir ist gerade einiges klar geworden. Ich hatte den Vogel auf der Schulter sitzen. Meine Familie geht mir über alles. Ständig sage ich ihnen ab,

verpasse das erste Fußballspiel meines Sohnes, sehe nicht, wie meine Tochter zum ersten Mal schwimmen geht, nur um zu arbeiten. Das ändere ich ab sofort!"

„Wie willst du das machen?" Janette schaut prüfend.

„Ich denke, dass ich mich manchmal in der Arbeit verzettele. Oft bin ich so unorganisiert. Fange viel an, vergesse die wichtigste Aufgabe – das will ich besser strukturieren. Dann habe ich auch viel mehr Zeit – Zeit für das Wesentliche. Das will ich. Das ist meine größte Erkenntnis, die ich mit nach Hause nehme!" Herbert endet seinen Redeschwall mit einem entschlossenen Gesichtsausdruck.

„Habt ihr eine Idee, wie er das schaffen kann?" Janette wendet sich an die Gruppe.

„Ich war mal auf einem guten Zeitmanagement-Seminar. Das hat mir wirklich geholfen. Ich setze mir jeden Morgen Prioritäten, was meine wichtigsten Aufgaben sind und welche ich zumindest am Tag schaffen will. Und wenn dann abends einmal was liegen bleibt, weiß ich, dass wenigstens die wichtigen Aufgaben erledigt sind. Das beruhigt mich immer sehr."

„Gute Idee, David!", sagt Janette anerkennend.

„Wie hast du Herbert beruhigt?", fragt Katrin interessiert.

„Bei einer Panikattacke müsst ihr den Menschen ganz klare, strenge Anweisungen geben. Eine Panikattacke kann höchstens 10-15 Minuten dauern, da dann die Adrenalinspeicher so leer sind, dass der Mensch vor Erschöpfung in eine absolute Ermüdung fällt. Wenn jemand zu hektisch und schnell atmet, beginnt er zu hyperventilieren, das bedeutet, der Stickstoff aus der Lunge wird nicht genug abgeatmet und der Mensch glaubt, er würde ersticken und erlebt somit die

Todesangst, die bei vielen Menschen zu sehr klaren Erkenntnissen führt, was sie im Leben wollen und was nicht. Wichtig ist nur, dass ihr eine Tüte oder ein Tuch vor den Mund und die Nase haltet, damit die Atmung verlangsamt wird. Es gibt sogar Meditationsformen, die ich in der Therapie manchmal anwende, um eine bewusste Hyperventilation einzuleiten, damit der Klient diese Todesangst spürt, um eben die Klarheit, so wie Herbert sie gerade formuliert hat, zu erleben."
Alle finden das wahnsinnig spannend.
„Machst du das mal mit uns?", fragt Susanne.
Janette lächelt. „Nein, das mache ich nur, wenn der äußere Rahmen ganz viel Sicherheit bietet – also meine Praxis zum Beispiel. Hier in der Wüste hält diese genug Erlebnisse für uns bereit. Eine leichtere Variante habe ich für euch.
Atmet ein und zählt die Sekunden bis zum Ausatmen."
Alle machen sofort mit.
„Und, David?"
„19 Sekunden!"
„Gut! Norbert?"
„Äh, also ganz ehrlich ... Nur neun Sekunden!"
Janette lächelt. „Genau das wollte ich euch damit zeigen. Atmen bedeutet Leben und der Tod zeigt uns, was Leben bedeutet. Jeder sollte ab und zu zählen, wie viel Luft er noch hat!"
Janette sieht, wie alle lächeln. „So, was meint ihr, wollt ihr noch die geplante Überraschung für heute erleben? Der Sturm gehörte da nicht zu!"
Alle lachen und Janette ist froh, diese Situation gemeistert zu haben.

Sie sind wieder in den Autos unterwegs.
„Woran erkenne ich eigentlich, ob ich in meinem Leben glücklich bin?", fragt David Janette.
„Oh, das ist eine gute Frage!" Janette schaut David an.
„Was macht dich denn glücklich?"
„Hmm ... Erfolge im Beruf, eine gute Partnerschaft und ... Gar nicht so einfach, das so spontan zu beantworten!"
Er schaut aus dem Fenster in die Wüstenlandschaft.
„Ja! Genau. Ich bin immer sehr glücklich, wenn ich anderen helfen kann!" David strahlt Janette an.
Sie sagt: „Geht es dir denn auch schlecht, wenn es anderen Menschen, oder zumindest denen, die dir nahe stehen, schlecht geht?"
„Ja! Sehr schlecht sogar."
„So wie dir geht es vielen Menschen, David. In Wirklichkeit begibst du dich damit in eine Abhängigkeit. Glaubst du, dass die Menschen dich nur lieben, wenn du leistest und immer wieder der Retter bist?" Er schaut betroffen auf den Wagenboden. „Weißt du, wenn wir für uns selbst nichts übrig haben, dann fühlen wir uns unausgefüllt und leer. Wir sind dann auf der Suche nach einem Sinn in unserem Leben. Im Grunde genommen missbrauchen wir andere, damit diese uns das Gefühl geben, liebenswert, wertvoll und wichtig zu sein."
David schaut auf und es scheint, als wolle er widersprechen. Jedoch er sagt nichts.
„Durch dieses Gefühl entsteht ein unersättliches Bedürfnis nach Bestätigung und Wertschätzung durch andere. Oft suchen wir auch genau danach unsere Partner aus. Reflek-

tiere doch einmal deine letzte Partnerschaft. Was hat die letzte Partnerin dir erfüllt?"

„Na ja ...", David spricht mit gesenktem Kopf. „Sie hat mich gebraucht. Ich habe ihr geholfen, ihre Finanzen wieder in Schwung zu bekommen, habe ihr einen Job besorgt und geholfen, eine Eigentumswohnung zu kaufen, welche ich dann natürlich komplett renoviert habe. Als dann alles sortiert war, hat die Beziehung auf einmal nicht mehr funktioniert. Wir haben uns getrennt." Er schaut Janette in die Augen.

„Genau das meinte ich. Wenn wir uns selbst nicht mögen oder immer etwas leisten müssen, damit wir dann die Anerkennung bekommen, die wir zum Leben brauchen, dann können wir den Gegenüber in seiner Einzigartigkeit gar nicht wahrnehmen, weil wir nur schauen, ob uns der Gegenüber die Gefühle, die wir uns wünschen, auch geben kann. Wenn wir glauben, wir müssten immer funktionieren und andere seien besser als wir selbst, dann führt das zwangsläufig zur Selbstaufopferung, zur Selbstaufgabe und somit zu einer Abhängigkeit vom anderen, dem sichersten Garanten für ein unglückliches Leben."

David schweigt und Janette spricht weiter: „David, wenn du dich selbst mit all deinen Fehlern und Schwächen annimmst und dann immer noch von dir selbst glaubst, mit oder sogar gerade wegen deiner Fehler geliebt zu werden, dann bist du zufriedener und hast das Selbstvertrauen, dich an große Aufgaben heranzuwagen und du kannst einen Menschen einfach und frei lieben. Du musst nicht leisten, um geliebt zu werden. Nimm das in dein Leben auf!"

Janette legt David ihre Hand auf seine, während sie ihn aufmunternd anlächelt und die Hand drückt. „Die besten Freunde sind die, die dich für dein Schwimmen loben – nachdem du untergegangen bist!" Er lächelt. „Du bist ein liebenswerter Mensch – einfach so wie du bist. Denke daran, wenn du selbst glücklich bist, erst dann kannst du andere glücklich machen."

„Aber woher weiß ich denn, ob ich glücklich bin?"

„Na ja, das ist zunächst ein Gefühl. Kannst du dich daran erinnern, wann du richtig glücklich warst?"

„Ja, als wir mit den Pferden in der Wüste waren. Da habe ich mich unglaublich gut gefühlt."

„So, dieses Gefühl ist ein erstes Merkmal, um zu erkennen, ob du glücklich bist. Wenn dir das nicht reicht, dann stelle dir in deinem Leben immer folgende Fragen: Als Kind hast du dir sicherlich vorgestellt, welches Leben du gerne führen würdest. Wie groß ist der Unterschied zu dem Leben, das du jetzt führst? Wie zufrieden bist du damit?"

David denkt nach. „Also, eigentlich wollte ich immer wie mein Vater werden – das bin ich aber nicht und mit meiner jetzigen Lebenssituation bin ich bis auf wenige Ausnahmen sehr zufrieden."

„Das ist immer schon ein gutes Zeichen für ‚Glücklich-sein'! Frage dich jetzt, welche beste Lebensphase du in deiner Vergangenheit hattest und schaue, wie groß der Abstand zu deinem jetzigen Leben ist!"

„Die beste Lebensphase war, als ich in einer festen Partnerschaft gelebt habe. Das ist jetzt nicht so – der Abstand ist also sehr deutlich!"

Janette nickt. „Das ist jetzt ein sicheres Zeichen für weniger ‚Glücklich-sein'! Das bedeutet, diesem Lebensbereich solltest du dich widmen. So, wie wir es gerade im Gespräch getan haben. Stelle dir nun die letzte Frage: Was möchtest du gerne haben oder was bewunderst du, das andere haben, und wie nah bist du an diesem Ziel?"
„Also, da bin ich sehr gut zufrieden. Wenn ich betrachte, was andere in meinem Alter erreicht haben und was ich bereits alles erreicht habe – dann bin ich da sehr glücklich!"
„Siehst du. So schnell kannst du analysieren, ob du glücklich bist. Es ist nur ein Lebensbereich. Oft denken wir dann aber über das ganze Leben negativ. Sei einfach du selbst, freue dich über deine glücklichen Lebensbereiche und schon wird sich alles andere von alleine ergeben. Erzwingen kannst du es sowieso nicht!"
„Stimmt." David lässt alles nachklingen und schweigt.
Plötzlich gibt der Fahrer Bechir ein Zeichen nach vorne. Vor ihnen erstrahlt der Salzsee. Die Salzkristalle funkeln in der Sonne und das Sonnenlicht flackert glühend heiß.

Auf dem Heimweg hält Bechir für alle eine Überraschung bereit. Am Lagerfeuer wird frisches Brot gebacken. Dazu gibt es geriebene Mandeln als Brotaufstrich und starken tunesischen Kaffee. Alle sitzen gemütlich um das Feuer herum. Die Stimmung ist harmonisch, bis Werner plötzlich loslegt: „Und das soll nun ein besonderes Seminar sein? Pff ..., da war doch nichts Neues dabei. Alles alte Klamotten!"
Die Gruppe schaut betroffen. Benno will gerade loslegen und Werner als ‚alten Nörgler' bezeichnen. Doch Janette signalisiert ihm, dass er Werner reden lassen soll. Werner

beschwert sich und schimpft über alles. Janette lässt ihn geduldig ausreden.
„Werner", Janette schaut ihn mit festem Blick an, „worum geht es hier wirklich?"
„Was soll das denn nun schon wieder?"
„Dir hat also wirklich gar nichts gefallen?"
„Na ja, doch ..., in der Oase war es ganz schön ... und die Übung mit Olga hat mich auch beeindruckt!"
„Was noch?"
Werner brummelt und es ist deutlich zu spüren, dass ihm diese Situation jetzt unangenehm ist.
„Also gut ..., die Übungen haben mir schon gut gefallen und die Wüste finde ich auch sehr beeindruckend!"
Janette nickt, schweigt. „Also, Werner, worum geht es wirklich?" Werner scheint nicht zu verstehen. „Warum und worüber hast du dich denn eigentlich wirklich beschwert? Wirklich über das Seminar?"
„Hmmm ...!" Werner denkt nach und lenkt den Blick in das Lagerfeuer.
„Ich frage mich, warum du mit allen gearbeitet hast - nur eben mit mir nicht!"
„Hättest du es denn gewollt?"
„Ja ..., eigentlich schon."
„Hättest du es auch zugelassen?"
„Wahrscheinlich nicht!"
Janette nickt wieder. Werner brummelt etwas wie „Entschuldigung!"
„Es ist nicht schlimm, Werner. Aber versuche, dich so auszudrücken, dass du sagst, was du möchtest." Werner schweigt. „Auch wenn du dir Beachtung wünschst!"

Als Janette das sagt, schießt Werners Blick in ihr Gesicht. Janette spricht ruhig weiter. „Das ist doch das, um was es wirklich geht. Du fühlst dich nicht genug beachtet. Also zettelst du einen Streit an, denn dann stehst du für einen Moment in völliger Zuwendung!"
Werner protestiert heftig.
„Lass die Worte erst einmal klingen, bevor du sie sofort ablehnst. Wie verhältst du dich bei Freunden, auf der Arbeit und wie bei deiner Partnerin?"
Werner schluckt. „Volltreffer!", denkt er bei sich und spürt, dass, auch wenn es ihm noch so wenig schmeckt, Janette mal wieder Recht hat.
„Ja", beginnt er zögerlich, „du hast schon Recht. Ich meckere immer an allem rum!" Er hebt den Kopf und sagt ganz schnell und fast entschuldigend: „Obwohl ich es doch gar nicht so meine." Pause. „Meistens entschuldige ich mich ja auch!"
Janette atmet tief ein und beginnt wieder, eine Geschichte zu erzählen. Der Duft des frischen Brotes und des Feuers beschenkt die Nacht. Das Gespräch der Flammen ist leise zu hören und die Gruppe lauscht.

Es war einmal ein Junge, der einen schlechten Charakter hatte

Sein Vater gab ihm einen Sack voll Nägel und sagte ihm, er müsse jedes Mal, wenn er die Geduld mit jemandem verliert, einen Nagel in den Gartenzaun schlagen.

Am ersten Tag schlug der Junge 37 Nägel in den Gartenzaun. In den folgenden Wochen lernte er sich zu beherrschen.
Die Anzahl Nägel im Gartenzaun wurde immer weniger. Er hatte herausgefunden, dass Nägel zu schlagen mühsamer war, als sich zu beherrschen.
Endlich kam der Tag, an dem der Junge keinen Nagel mehr einschlagen musste. Also ging er zum Vater und sagte ihm das.
Der Vater sagte ihm also, er solle jeden Tag einen Nagel aus dem Zaun herausreißen, wenn er sich beherrscht.
Endlich konnte der Junge dem Vater sagen, dass er alle Nägel aus dem Gartenzaun herausgezogen hätte.
Der Vater brachte den Jungen vor den Gartenzaun und sagte ihm: „Mein Sohn, du hast dich gut benommen, doch schau dir den Gartenzaun an. Er ist voller Löcher. Der Gartenzaun wird nie mehr so sein wie früher. Wenn du mit jemandem streitest und du sagst ihm etwas Böses, dann lässt du ihm eine Wunde wie diese hier.
Du kannst ein Messer in einen Menschen stecken und du kannst es nachher herausnehmen, die Wunde bleibt. Es macht nichts aus, wie viel Mal du dich entschuldigst, die Wunde wird bleiben."
Eine verbale Wunde ist gleich schmerzhaft wie eine körperliche Wunde. Seit dem Tag achtete der Junge auf seine Worte.

Werner schaut betroffen. „So habe ich das noch nie gesehen!"
„Was wünschst du dir denn? Sollen die Menschen dich beachten, weil du immer Negatives äußerst?"

„Natürlich nicht!", schimpft er.
„Also, was willst du dann?" Janettes Blick ist fest und lässt ihn nicht ausweichen.
„Ich wünsche mir auch, dass die Menschen mich mögen!" Werner räuspert sich.
„Dann zeige ihnen doch, wen sie lieben dürfen. Wer ist denn der wirkliche Werner?"
Werner spricht wütend und resigniert zugleich. „Und wenn du dich ihnen dann offen zeigst, dann stechen sie in dein Herz und lassen dich elendig verbluten. Ich vertraue niemandem!"
Alle sind betroffen von dem, was sie da hören. Keiner von der Gruppe hat Werner jemals als jemanden wahrgenommen, der Verletzungen erlitten hat. Alle haben immer nur den äußeren Kern gesehen. Der Nörgler, der mit keinem etwas zu tun haben will.
„Das tut mir wirklich Leid, Werner, so habe ich dich noch nie gesehen! Entschuldige ..., ich hätte dich vielleicht auch mal fragen sollen, warum du dich so verhältst, anstatt immer nur über dich zu schimpfen!", sagt Katrin.
Werner schaut auf. Janette spürt, dass er erstaunt ist. Er hat Schwäche gezeigt und bekommt dafür Anerkennung.
Sie schaut ihn an. „Das ist das Risiko des Lebens. Wir können immer wieder in unserem Leben verletzt werden. Wer gibt, kann auch verlieren. Du kannst dich für dein Leben entscheiden. Willst du lieber von den Menschen abgelehnt werden oder möchtest du das Risiko eingehen, auch auf die Gefahr hin, verletzt zu werden, und dafür als Entschädigung Zeiten voller Liebe zumindest kennen lernen?"

Werner schluchzt. „Der Schmerz, als meine Frau mich verlassen hat, war so unendlich groß, dass ich dachte, ich zerbreche daran. Damals schwor ich mir, dass mich nie wieder ein Mensch so verletzen wird!"
Alle setzen sich eng um Werner. Mittlerweile braucht Janette nicht einmal mehr ein Zeichen zu geben.
„Was sind deine Alternativen?", fragt sie leise.
„Du hast Recht ..., ich will gar nicht so negativ sein. Nur manchmal komme ich nicht aus meiner Haut!"
„Dann bitte die anderen um Unterstützung. Ein Mensch allein kann nie so viel bewältigen wie mehrere zusammen! Du bist nicht allein, Werner. Die Schmerzen, die wir erleiden müssen in einem Leben, sind oftmals die Prüfungen, die uns das Leben stellt. Stelle dich diesen Prüfungen. Jeder Mensch kann lieben. So werden wir geboren. Jedoch müssen wir erst die Enttäuschungen und die Verletzungen der Vergangenheit auf dem Scheiterhaufen verbrennen, um frei zu sein für etwas Neues. Nimm aus der Vergangenheit das Gute, bedanke dich dafür und den Rest lasse zurück. Denn wenn du die Liebe nur gebremst genießen kannst, dann kannst du zwar nur gebremst fühlen, weinen und Schmerz erleiden; besonders aber kannst du auch nur gebremst lachen, lieben und leben. Ist es das, was du willst?"
„Nein!"
„Dann öffne dich! Zeig, wer du bist und du wirst Menschen finden, die dich genau deswegen lieben."
Werner schaut Janette an und nimmt sie dann in den Arm und weint. Er weint lange. Alle sind bei ihm und halten ihn. Als das Schluchzen verebbt, schaut er in die Runde. „Danke. Das tat gut. So geweint habe ich schon lange nicht mehr!" Er

lächelt, zugegeben noch etwas schief und mit verweinten Augen, aber es ist für alle zu spüren, dass er jetzt der ist, der wirklich in ihm steckt.

4. DER ABSCHIED

Der Rückweg zur Oase verläuft still. Jeder hängt seinen Gedanken nach. Am nächsten Morgen herrscht Aufbruchstimmung. Alles wieder zusammenräumen, Autos packen. Eine eingespielte Gruppe zeigt sich. Viel Lachen erfüllt die Oase mit einer freundlichen Stimmung. Die Teilnehmer erwarten noch drei erholsame Tage im Hotel, bis sie dann endgültig zurückfliegen. Relaxen, den Markt in Douz besuchen oder einfach nur Ruhe.

Janette hasst Abschied. Nie weiß sie, was sie sagen soll. Auch sie selbst hat so viel bewegt. Viele Erlebnisse der Teilnehmer kennt sie selbst aus ihrem eigenen Leben.

Als alle startklar an den Autos stehen, geht sie zur Gruppe.

„Nun ist es an der Zeit, Abschied zu nehmen. Ich werde noch einige Tage in der Wüste bleiben!" Janette lächelt etwas. „Abschied bedeutet immer auch Neuanfang, sagte ich euch im Seminar. Dennoch ist es nicht immer einfach. Auch ich habe viel von euch lernen dürfen und ihr seid mir in diesen wenigen Tagen sehr ans Herz gewachsen."

Die Gruppe räuspert sich; keiner sagt ein Wort.

„Ich wünsche jedem Einzelnen von euch viel Kraft auf seinem Lebensweg. Mut, Gefühle zuzulassen und sie mit anderen Menschen zu teilen. Erinnert euch immer an die Einzigartigkeit der Wüste. Lasst das Wüstenlicht und die Wüstenruhe in eure Herzen. Lasst auch euren Tränen die Freiheit, mal zu regnen wie ein Wüstensturm – denn nur dann ist dort auch genug Platz für Freude. Nehmt alles gut für euch mit und schenkt auch mir einen kleinen Platz in eurem Herzen. Ein Platz in meinem Herz ist euch gesichert."

Alle nehmen einander in die Arme. Alle sagen einander noch freundliche Worte und dann sieht Janette nur noch die Rücklichter der Autos im aufwirbelnden Wüstensand davon sausen.

5. WAS IST AUS DER GRUPPE GEWORDEN?

Olga Lagerin

Olga ist in der Firma in den Betriebsrat eingestiegen und setzt sich sehr für ‚schwächere' Mitarbeiter ein. In der Kantine ist sie immer umgeben von einem Menschenpulk.

Norbert Maleiter

Norbert ist aufgestiegen und jetzt Ausbildungsleiter in der Firma. Seine Frau schrieb kurze Zeit nach dem Seminar einen Brief, in welchem sie sich dafür bedankt, dass ihr Mann so verändert aus der Wüste gekommen sei. Er zeigt seine Gefühle jetzt ganz offen und lebt jeden Tag mit einem Vogel auf der Schulter.

Susanne Personus

Susanne hat das Gespräch mit dem Chef geführt und ihr Beruf füllt sie jetzt voll aus. Sie ist inzwischen verheiratet und plant ihr erstes Kind.

Herbert Kaufleiter

Herbert hat die Firma verlassen und sich mit seinem Hobby, der Hundezucht, erfolgreich selbstständig gemacht. Er hat jetzt viel mehr Zeit für seine Familie, eine Ernährungsumstellung mit Hilfe einer Ernährungsberatung begonnen und ist sehr glücklich.

Benno Strahling

Benno hat eine Fortbildung zum Management-Trainer bei Janette Ben Salem begonnen und in der Firma eine Projektbetreuung übernommen und erfolgreich abgeschlossen. Erst kürzlich berichtete er, dass er seiner Trauerrede immer näher kommt.

Katrin Kopfus

Katrin hat einen neuen Partner, der insbesondere ihre emotionale Art an ihr liebt. Ihr Sohn besucht eine Hochbegabten-Schule – von Hyperaktivität keine Spur mehr.

David Talenter

David hat seine neue Partnerin geheiratet. Die beiden erwarten ihr erstes Kind.

Werner Front

Werner genießt seinen Ruhestand und hat einen Verein gegründet, welcher jungen Unternehmern mit Rat und Tat zur Seite steht. „So haben meine Lebenserfahrungen einen Sinn!", sagt er in einem Telefonat mit Janette.

DANKSAGUNG

Ich danke besonders meinem Mann Hanno, der viele unausstehliche Tage mit mir durchleiden musste, wenn es mit meinem Buch einmal nicht so lief, wie ich mir das vorgestellt hatte. „Hanno, du bist der Beste, der mir in meinem Leben je ‚passiert' ist. Du bist meine Sensation und mein Zuhause! Ich liebe Dich!"

Ich danke meiner Familie. „Mama, Papa, Patrick, Janette, Sami und Emir: Danke für alles. Ihr wart und seid immer für mich da. Ihr seid mein Ort der Ruhe und Kraft!"

Ich danke auch Maik B. aus Lotte, der die ersten Steine meines Erfolgs gelegt hat. „Danke Maik, du hast mir beigebracht, für mich einzustehen."

Ich danke allen, von denen ich lernen durfte. Egal, wie schmerzhaft die Lehren manchmal auch waren. Ich bin heute der Mensch, den diese Erfahrungen aus mir gemacht haben.

DIE AUTORIN

Daniela A. Ben Said wurde am 20.04.1974 im Raum Osnabrück geboren.
1998 gründete sie das Institut für Management-Coaching „Quid agis".
Ihr Wissen basiert auf einem Studium der Psychologie, einer Ausbildung zur Heilpraktikerin (Psychotherapie), zahlreichen Zusatzqualifikationen in den Bereichen NLP, Transaktionsanalyse, Hypnose, Kinesiologie und besonders aus Erfahrungen der Praxis mit mehr als 200 Seminartagen pro Jahr.
Namhafte Unternehmen lassen ihre Mitarbeiter von Daniela A. Ben Said schulen und trainieren.
Mittlerweile bildet Ben Said selbst Business-Trainer mit höchstmöglicher Qualifikation und staatlicher Überprüfung aus.
„Das Wüstenseminar" ist ihr bislang größter Erfolg und basiert auf Zwischenmenschlichkeit, Ehrlichkeit, Offenheit und Vertrauen.
Lassen Sie sich begeistern von einer der authentischsten Trainerinnen Deutschlands.

Quid agis*
Institut für Management-Coaching
Akademie für Ausbildungen
Praxis für psychologische Beratung
Am Hilgenstein 15
49124 Georgsmarienhütte

T: 0 54 01 – 362 400
www.quid-agis.de